안토니오 네그리

마르크스를 넘어선 마르크스주의자

차례
Contents

네그리 – 마르크스주의를 현재화하려는 사람

네그리(Antonio Negri 또는 Toni Negri)는 마르크스주의를 현재화하려고 노력하는 사람이다. 그렇다고 아무런 반성도 없이 그대로 답습하는 것이 아니라 끊임없이 되새겨보고, 특히 현실의 변화에 비추어 마르크스주의를 변형시키려 한다. 마르크스주의는 마르크스와 엥겔스의 저작과 노동자계급의 현실투쟁을 기반으로 하여 자본주의사회를 비판하는 사상이론으로 정립되어 왔다. 네그리는 소련혁명 이후에 마르크스주의가 국가이데올로기로 변하고 교조화되는 것에 대해 비판하면서, 마르크스주의의 핵심을 현실 혹은 현실 속에서의 계급대립에 두고 자본의 논리로 작동하는 부르주아 이데올로기 및 '위장한 마르크스주의'에 대항하여 노동자의 마르크스주의를 작동시키려 한다. 다시 말하자면 자본의 논리, 자본의 힘이 노동자의 논리, 노동자의 힘과 대결하면서 전개되는 현실을 강조한다. 물론 그는 지배의 논리만을 강조하지 않는다. 전복의 논리도 항상 동반한다. 이를 위해 그는 변증법적인 통합의 논리를 비판하고 분리의 논리를 강조한다. 분리는 파괴를 통해 새로운 것을 구성하는 출발점이 된다. 이러한 문제설정 속에서 네그리의 사상은 아우토노미아(자율주의, 자율성)로 제시된다.

아우토노미아(Autonomia)는 이탈리아 비의회좌파운동의 커다란 흐름이자 동시에 이론적인 대안으로 제시된 것이었다. 이는 1960년대 말 이후 노동자운동에서 나타난 '노동거부'를 통해 공산주의적인 전통(공산당)을 부정하고 부분적으로는 레닌주의(민주집중제)와 자본주의발전의 다른 형태일 뿐인 현실사회주의사회와 대립하는 것이다. 처음에 '아우토노미아'는 자본주의발전으로부터 노동자계급의 분리 및 독립을 의미했지만, 점차 '생산적'인 노동자계급의 '신성한' 제도들(노동조합과 정당)과는 독립적인 프롤레타리아적인 관심·투쟁·조직의 영역이라는 의미를 지니게 되었다. 여기서 더 나아가 아우토노미아는 다면적인 잠재력을, 공산주의 사회를 구성해가는 주체의 특징을 뜻하게 된다.

이러한 사상을 배경으로 네그리는 교조적인 원리를 통해 현실을 규정하기보다는 '변화된' 현실을 강조하면서 노동의 성격변화에 주목한다. 노동력의 엄밀한 작동에 근거한 과학적인 관리방식(테일러주의)에 이어 컨베이어벨트 생산방식을 통해 대량생산·대량소비의 생활양식을 정착시켜 온 포드주의 이후, 다품종 소량생산과 적기생산을 통해 소비자의 의도를 생산에 끌어들임으로써 새로운 축적방식을 추구해나가는 최근의 생산방식을 포스트포드주의라 한다. 네그리는 자연히 포스트포드주의의 논의와 변화된 현실에 주목한다. 그는 포스트포드주의를 새로운 노동조직과 축적모델의 주요조건으로 파악하면서 이것이 지닌 사회경제적인 모순들을 직시한다. 또한 그는 이성중심적인 모더니즘(근대론)을 반박하면서 해체를 강조해온 포스트모더니즘(탈근대론)을 이러한 새로운 생산양식에 적합한 자본주의적인 이데올로기로 파악하고, 포스트포드주의가 지닌 모순들에 대한 파악에 근거하여 포스트모더니즘의 신비를 벗긴다. 그렇다고 비판하고 파괴하는 것에만 그치는 것이 아니다. 전복적인 주체의 형성 및 구성과 새로운 사회의 구성에 대한 전망에 대해서도 천착해나가기 때문이다.

마르크스주의의 위기와 현실사회주의의 붕괴, 나아가 한국 사회운동의 침체 등을 통해 '의지의 낙관'을 잃고 포스트주의에 휩싸이는 한국 지식인세계의 현실 속에서 네그리는 하나의 '전복'이 될 수 있을 것이다. 물론 그의 논의는 주로 선진자본주의의 현실에 초점을 맞춘 분석 및 실천이라는 점을 염두에 두어야 할 것이지만 말이다.

이론가이자 실천가

네그리의 가족배경과 1968년

안토니오 네그리는 네그리의 가족이 1930년대에 정착하였던 이탈리아 파도바(Padova)의 베네토(Veneto)에서 1933년에 태어났다. 그 지역은 지독히 가난한 곳이었다. 가족들은 마을에 머물고 가장들은 계절노동자로서 홀로 스위스, 독일, 프랑스, 벨기에 등으로 일하러 나가야 했다. 그리고 그 지역은 가톨릭이 매우 강한 지역이기도 하였다. 그러나 40년이 지난 오늘날에는 이탈리아에서 가장 부유한 지역이 되었다.

네그리는 자신을 공산주의 사상으로 접어들도록 만든 사람으로 할아버지와 매형을 꼽고 있다. 먼저 그의 할아버지에 대해 살펴보자. 네그리에 따르면 그의 할아버지는 1890년대 말에 농촌의 가난을 피하기 위해서 볼로냐라는 도시로 떠나온 노동자였다. 볼로냐에서 할아버지는 말이 끄는 궤도열차에서 일하면서 그곳 지역 사회주의조직에 가입하였고 조합협동체의 중요한 성원이 되었다고 한다. 아직까지도 네그리는 이 협동체의 아파트에 살 수 있는 권리를 가지고 있는데, 조합비를 내는 동안은 그에 대한 계승권을 가지고 있기 때문이라고 한다. 어쨌든 이것은 건축업 노동자들이 만든 첫 번째 조합 가운데 하나였다. 그후 할아버지는 볼로냐에 있는 한 은행의 야간 경비원이 되었다. 여름이면 네그리는 할아버지를 만나러 가곤했고, 할아버지는 네그리에게 투쟁에 얽힌 이야기들을 들려주었다. 물론 당시 할아버지로부터 들은 이야기가 네그리에게 어떤 특별한 계기를 만들어준 것은 아니었겠지만, 이 또한 자신의 삶의 일부였다. 할아버지는 지긋지긋한 노동으로부터 벗어나기 위해서는 교육이 필요하다고 생각하였다. 즉 교육은 모든 전통―노예제의 전통, 강제노동의 전통, 가난의 전통―에 대한 투쟁의 역사를 운반하는 것이라고 생각하였으며, 이러한 생각은 네그리에게 강한 인상을 남겼다.

할아버지는 러시아 공산주의의 신화를 들으며 자랐다. 선거 때마다 할아버지는 공산당에 투표한 것으로 네그리는 생각했지만, 그렇다고 공산당원이 되지는 않았다. 할머니는 재봉일을 하였고 옷을 직접 만들기도 하는 등 주로 가족을 보살피는 일에만 전념하였다고 네그리는 전한다. 물론 할머니의 크림

캐러멜 맛을 회상하면서.

네그리의 아버지는 야간단과대학에 다녔고, 모데나(Modena) 근처의 작은 도시의 시청 서기였다. 그는 1921년, 리보르노(Livorno)에서 있었던 이탈리아공산당의 창설자들 가운데 한 사람이었다. 파시즘 시기 내내 네그리의 아버지는 모욕당하고 얻어맞고 쫓겨 다녔다. 파시스트들은 네그리의 아버지에게 더러운 석유와도 같은 피마자기름을 강제로 먹였는데, 이로 인해 그는 피가 중독되는 등의 심각한 손상을 입고, 결국에는 네그리가 두 살 때인 1936년에 세상을 등지고 말았다.

네그리의 어머니는 만투아(Mantua)의 소농 출신이었다. 외가는 가난하였지만 너그러운 분위기를 지니고 있었다. 네그리의 아버지가 그렇게 세상을 떠나자 어머니는 초등학교 교사로 일하기 시작하였다. 그녀에게는 아이들이 셋이 있었는데, 아침 5시에 출근하여 저녁에야 집에 돌아오곤 했다. 그녀는 매우 특이한 사람이었다고 한다. 네그리는 어머니가 자유의 중요성을 이해한 분이었다고 기억한다. 그녀는 네그리가 15살 때 히치하이킹으로 유럽을 돌아다니도록 허락해주었으며, 고등학생 때에는 아주 적은 돈밖에는 없었지만 영어를 배운다며 영국으로 가겠다는 네그리에게 편지를 쓴다는 조건으로 허락할 정도였다. 네그리의 이런 여행은 북유럽에서 중앙유럽을 거쳐 북아프리카, 중동에 걸쳐 결혼할 때까지 계속되었다고 한다.

네그리의 가족은 아버지가 세상을 등진 후에도 여전히 파시즘에 적대적이었다. 네그리의 형은 어린나이에 징집된 후에 1943년 전선에서 죽었다. 당시 네그리는 열 살이었고 형은 17살이었다. 집안은 전체적으로 반파시스트적이었음에도 가족 한 사람이 이탈리아 국가를 지키기 위해 징집되어 죽는 이러한 모순이 그 가족에게 주어졌다. 네그리의 민족·국민·애국주의에 대한 혐오감은 바로 이러한 경험에서 비롯되었다. 당시 파도바는 수십 번의 폭격을 받았고 네그리 가족은 시골로 피신하였는데 거기서도 폭격은 멈추지 않았다. 가까운 곳에는 다리가 하나 있었는데 매일밤 연합군의 폭격이 계속되었고 독일군은 항상 그 다음날 낮에 그 다리를 다시 세웠다고 한다.

1944년에 네그리의 누이와 결혼한 매형이 네그리 가족의 삶에 들어왔다. 매형은 트렌토(Trento)에서 태어난 이탈리아-독일계 사람으로 산에서 내려온 공산주의자 빨치산이었다. 매형은 네그리를 키운 사람 가운데 한 사람으로 일종의 젊은 대리부(父)였다. 매형의 가족은 돌로미테(Dolomites) 지역에 살았는데, 그곳은 파시스트들이 연합군에 항복하고 왕이 남부로 도망간 뒤 이탈리아 군대가 해체되었던 1943년 9월 8일 이후에 첫 빨치산 부대가 만들어진 곳이었다. 무솔리니 정부는 이미 7월에 붕괴된 상태였고, 9월초까지 이탈리아는 독일군의 침공 아래 있었으나 연합군이 시실리에 상륙하기 시작했었다. 모든 반파시스트들은 반도의 북부를 점령한 독일군과 싸우기 위해 산에 재집결하였다. 네그리 매형의 남동생은 공군장교였고 파시스트였는데, 빨치산 측은 그를 처형하려고 하였다. 당시 젊은 의학생이었던 네그리의 매형은 자신의 동생을 살리기 위해 산으로 갔다. 빨치산 측은 "동생을 살리고 싶으면 네가 우리와 함께 있어야 한다"며 그를 인질로 잡았는데, 그들은 의사를 필요로 했고 그가 의사 역할을 할 수 있었기 때문이었다. 네그리의 매형은 이렇게 공산주의자가 되었다.

네그리 매형의 동생은 공군에 남아있기를 원했는데, 그 이유는 '영웅 조종사'란 이미지가 당시에는 어떤 신비스런 호소력을 지니고 있었기 때문이었다. 그의 비행기는 리비아에서 격추되었고 그는 메달을 수여받았다. 네그리의 매형은 자신이 속해 있던 부대가 산에서 소탕되자 네그리 가족과 함께 1944년부터 1945년 겨울까지 피신해 있었고, 그 이후에도 빨치산으로 수배되었기 때문에 그는 네그리 가족을 떠나 다시 몸을 감추어야 했다. 네그리보다 12살이 많았던 그는 네그리를 공산주의 사상가가 될 수 있도록 하는 데 주요한 역할을 했던 사람 중 하나였다.

그는 후에 방사선과 의사가 되었지만 평생을 공산주의를 위해 살았으며, 네그리의 누이는 신경정신병 의사가 되었다. 이 부부는 네그리의 열성적인 지지자가 되어주었고 그들 또한 계속 공산주의자로 남았지만, 공산당이 네그리를 감옥에 보낸 것만은 결코 용서하지 않았다. 그들은 네그리의 자녀들에게 많은 사랑을 베풀었고 네그리가 감옥에 있거나 수배되었을 때에는 네그리의 자녀들을 돌보곤 했다.

이제 네그리 자신의 젊은 시절로 다가가 보자. 고등학생 시절에 네그리는 가톨릭 학생운동을 하였다. 1950년에 가톨릭 철학에 관심을 갖고 가톨릭 행동파에 가입했으나 1954년에 추방되고 만다. 당시 교황 피우스 12세는 가톨릭 행동파의 진보적인 대변인인 마리오 로씨를 심하게 비난하였다. 그 후 네그리는 자유주의적인 그룹인 인테사(Intesa)에 가입했다가 파도바의 주교가 이 집단의 사회주의적인 경향을 억제하려 하자 탈퇴해 버렸다. 네그리는 1954년에 나중에 이탈리아 사회당에 통합된 이탈리아 통일사회당에 가입하였으며, 그 해에 장학금을 받아 프랑스 소르본 대학에 유학한다. 그리고 독일의 튀빙겐, 프라이부르크, 하이델베르크, 뮌헨, 프랑크푸르트 대학 등에서도 공부하였다.

스물세 살이 되던 해(1956)에 네그리는 독일 역사주의에 관한 논문으로 박사학위를 받고, 1957~1959년의 2년 동안 나폴리에 있는 베네데토 크로체 역사연구소에서 연구활동을 하였다. 1957년에는 법철학 교수자격을 획득하였으며, 1967년까지 파도바에서 학습조교로 일하면서 국가론 교수자격까지 획득하였다. 이 시기에 쓴 저작들은 헤겔, 딜타이, 마이네케, 칸트, 데카르트 등 철학자들의 인식론, 철학, 정치학, 국가론 등에 관한 것이었다.

동시에 그는 여러 잡지에 정치색이 짙은 글들을 발표하였다. 1956년에 이미 그는 파도바 대학에 있는 학생 잡지인 『일보 *Il Bo*』)의 책임자였다. 1959년에는 이탈리아 사회당 지방평 의원으로 뽑혀 파도바 지역 당지인 『진보 베네토 *Il Progresso Veneto*』의 책임을 맡았다. 1959년, 네그리는 노동자계급 아우토노미아론을 처음으로 제기한 『붉은 노트 *Quaderni Rossi*』[1] 간행에 참여하였다. 1963년에 사회당이 기독교민주당과 동맹하여 첫 중도좌익연합정부가 서자 네그리는 사회당을 탈당하고 노동자들을 조직하는 일에 나섰다. 바로 이 시기에 네그리는 파도바에서 학업을 마치고 연구자로서 그리고 정치활동가로서의 길에 들어서고 있었다.

이 때 네그리는 27살로 첫 번째 결혼을 하게 되는데, 이를 통해 가족과 부부(커플)에 관한 상투적인 것들, 사회적인 억압뿐 아니라 전통적인 가족 관념들이 지닌 억압형태들에 대항하여 싸워나가기로 결심하게 된다. 네그리는 평생 세 명의 여성과 결혼을 하였는데 — 법적인 의미가 아닌 동거의 의미로 — 그때마다 새로운 계획을 세웠다고 한다.

여기서 잠깐 네그리가 정치활동가로 참여한 이탈리아의 운동 흐름을 노동자주의에 초점을 맞추어 살펴보자. 1944년 이후 이탈리아 공산당은 기독교 민주당과의 타협정책을 통해 자본주의 발전을 지향하는 방향으로 나아갔다. 이러한 기조 속에서 1950~1960년대 이탈리아 자본주의는 그 생산력을 급속히 증대해갔고 이와 함께 남부의 노동자들이 북부지역으로 대거 옮겨왔다. 그러나 기존의 노조는 이러한 노동자계급 구성의 변화를 반영하지 못하였고, 그런 와중에서 노동자들의 불만이 폭발하게 된다.

1960년대에 노동자투쟁은 중도좌익정부라는 제도적인 틀 속에서 폭발하였다. 경기후퇴기인 1964년에 사회당은 기민당과 결합하여 경제발전강령을 제시하고 전기 및 화학부문에서 특정 기업들을 국유화하고 공공서비스를 개선하려고 하였다. 제시한 경제강령 가운데 일부만이 수행되었지만, 이는 의회투쟁에만 몰두하고 있던 공산당을 약화시키게 된다. 이로 인해 공산당은 노동자계급에게서 점차 멀어지면서 힘을 잃게 되었고 노조들에게는 임금의 경제적인 조절(합법적 파업)만을 하도록 하였다.

이런 배경 속에서 자율적인 운동이 1950년대 초반 북부이탈리아의 대공장들에서 생겨났다.[2] '아우토노미아의 토대'는 원래 남부에서 온 이주노동자들, 그들을 대표한다고 자처하는 (공산당의 후원을 받는) 조합대표자들에 대항하는 노동자들에게 있었다. 하지만 이제 노동자들의 운동은 임금인상에 대한 요구를 넘어선 노동관계뿐만 아니라 노동 그 자체에 대한 문제제기로 확대되었다.

1950년대 중반 이후 대중운동이 고양되었고, 특히 1958년 들어 피아트노동자들은 공식노조와는 별개로 파업을 전개하였다. 이러한 상황에서 노동자계급의 '독자성'을 강조하는 주장이 전개되었다. 이러한 주장을 대표했던 판지에리(Raniero Panzieri, 1921~1964)는 노동자계급의 주요문제를 '노동자운동의 혁명적인 자율성, 완전한 자율성'을 재장악하는 것이라고 주장하였고, 그의 지도 아래 노동자계급의 독자성, 자율성을 강조하는 각 소그룹들은 스터디그룹 및 노동선전원들의 전국적인 결합을 이루어냈다. 이들은 조사연구를 병행하는 실천(work and research)을 강조하면서 1961년에 잡지 『붉은 노트』를 창간하여 조직활동을 하였다. 이 잡지를 중심으로 한 성원들은 그 후 아우토노미아 운동의 중심인물들이 된다. 물론 네그리도 그중 한 사람이었다.

1962년에 토리노에 있는 피아트 공장 금속노동자들의 폭력적인 파업이 전개되었다. 피아트 공장은 노동자의 분열(세 개 주요노조인 CGIL, CISL, UIL 간의 분파주의)로 자본가의 온정주의적인 통제하에 있었다. 노동자들의 불만은 상당했으나 노조와 서로 연계되지 못했고, 노동자들은 노조 및 노조 지도자들에 대해 매우 비판적이었다. 1월의 파업 실패에 이어 6월의 파업 또한 노조들 간의 합의 없이 시작되었기에 즉각 붕괴되었다. 이런 경험 속에서 밑으로부터의 압력에 의해 노조들은 공동전선을 펴 나갔고, 7월의 파업은 전 도시를 폭력으로 몰아넣을 만큼 위협적인 일련의 노동자소요를 가져왔다. 이는 파업이라기보다는 폭동에 가까웠다. 이 때 '이탈리아노동조합(UIL)'은 회사와 별개의 협상을 하여 평화에 합의하였는데 파업노동자들은 이에 항의하여 그 노조의 사무실을 공격하였다. 난투극이 벌어지고 경찰이 개입하여 파업자들과 경찰 간에 혈전이 벌어졌다. 분노한 군중들은 가로등을 깨고 상점을 부수고 전차를 가로막고 바리케이드를 치는 등 거세게 저항하였다.

이러한 사건에 대해 사회당과 공산당은 『붉은 노트』를 강력하게 비난하였다. 이 때부터 아우토노미아 구성분자(파)들은 이탈리아 의식 및 정치의 일부가 된다.

파업 이후 『붉은 노트』 안에서 보다 직접적으로 정치적인 로마 사람들과 조사를 중시하는 토리노 사람들 간에 분열이 생기면서 1963년에 '노동자계급(Classe Operaia)' 집단이 탄생하였다.[3] 네그리도 이 집단에 참여하였는데, 이곳에서는 직접적이고 정치적인 행동형태를 계급투쟁에 도입하고자 하였고, 그 형태로는 '노동거부, 사보타지행위, 와일트캐츠 스트라이크, 노조가 선언한 파업에의 참여거부' 등이 제시되었다. 바로 이 시기에 아우토노미아 운동의 출발점이 된 '노동거부전략'이 제시된 것이다.

'노동자계급'의 성원이었던 트론티(Tronti)는 신자본주의 하에서 모든 사회는 결국 담장 없이 생활의 모든 측면이 체계의 축 아래에 들어가는 공장이 될 것이며, 공장은 모든 사회에 대한 자신의 배타적인 지배를 확장해나갈 것이라고 하였다. 이러한 배타적인 지배는 자본주의 사회의 철저한 합리화를 통해 진행되는데 트론티는 그것에 대한 '직접적인' 투쟁을 강조하였다. 나아가 그는 '사회적인 생산관계 안에서 사회체계에 반대하는 전반적인 투쟁을 계획하고, 부르주아 사회를 자본주의적 생산의 내부로부터 위기에 빠뜨리는 것이 필요하다'고 역설하였다. 이 체계에 노동자들이 통합되지 않게 하는 것, 자본주의적인 발전에 대결하는 것, 자본주의 체계에 절대적으로 비협조하는 전술이 바로 '노동거부'였다.

68년 운동 이전에 전개된 노동자계급의 독자성, 자주성을 강조하는 이러한 흐름을 흔히 '노동자주의(Operaismo, workerism)'라고 한다. 이 흐름은 기본적으로 공장 안의 투쟁에 초점을 맞추고 공장 안의 명령(command)체계를 깨뜨리는 데 주안점을 두고 있다. 기존의 노조조직이 공장 내 명령체계를 유지하려고 했기 때문에 노동자주의적인 흐름은 비노조화된 운동의 형태를 띠었으며, 그러면서 자본의 관점에 대항해서 '노동자의 관점'을 강조하였다.

노동거부는 아우토노미아 운동의 출발점이었으며, 이 흐름을 이어 받아 68년 운동이 지지한 공장규율의 거부는 공산당의 노동윤리와 노동자운동에서의 공산당의 헤게모니에 대항하는 것으로 출발하였다.

어쨌든 1960년대 중반에 접어들어 네그리는 파올라 메오(Paola Meo, 네그리의 부인), 마시모 카치아리(Massimo Cacciari, 유명한 철학자로 나중에 공산당 의원이 됨)와 함께 마르제라(Porto Marghera) 석유화학단지의 노동자들을 대상으로 『자본』이라는 독서강좌를 만들었다. 또한 네그리는 『붉은 노트』 내부의 발전적인 분화로 나타난 『노동자계급 Classe Operaia』에도 개입하였다. 당시 아우토노미아론의 문제틀에 입각한 여러 잡지들이 만들어졌는데, 『노동자계급』은 그 가운데에서도 특히 1967년까지 마르제라 석유화학단지에서 노동자들의 잡지가 되었다. 그 외에도 네그리는 철학잡지인 『이것인가 저것인가 *Aut-Aut*』와 민주적인 치안판사들의 철학잡지인 『법비판 *Critica del Diritto*』 등의 출판에도 관여하고 글을 발표하였다.

여기서 네그리에게 큰 영향을 끼친 이탈리아의 68년 운동을 개략적으로 살펴보자. 1968년을 전후하여 프랑스, 독일, 미국 등지에서 신좌파운동이 폭발하였는데, 다른 나라와는 달리 이탈리아의 68년 운동은 노동자운동과 융합되었고 그 후로도 강력한 사회운동으로 전개되었다는 특징을 보인다.

1960년대 말에 이탈리아 사회에서 발생한 전반적인 사회적인 위기가 정점에 달했던 1969년에 일어난 노동자들의 반란은 결정적인 사건이 되었다. 이 반란의 직접적인 기폭제는 대학에서 일어난 운동이었는데, 부적절한 교육시설과 낡은 지식수준, 대학의 권위 등에 대한 저항으로 시작된 학생운동은 학생총회(assembly)에 의한 자치요구로 분출되었다. 학생들의 저항은 1967년 1월, 토리노 대학에서 대학을 점거하는 방식으로 시작되어, 1968년 봄에는 로마 대학으로 확산된 후 급속히 전국 대학으로 번져갔다. 갈등은 곧 대학당국뿐만이 아니라 국가와의 대결로 확대되었고, 1968년 3월에는 학생들이 거리에 나와 투쟁하기 시작하였다.

이러한 배경에는 다음과 같은 사정이 있었다. 대학이 확장되면서 입학생과 졸업생의 불균형이 심해졌고(노동자 자녀의 입학 증가, 높은 탈락률), 점차 대규모 인텔리층이 생겨났다. 이러한 조건 속에서 1967~1968년 학생운동의 이데올로기는 급진화되었다. 중국의 문화혁명, 베트남의 테드(구정)공세, 프랑스 5월 혁명의 영향 아래의 전투적 분위기 속에서 대중은 전통적인 대학구조에 대한 도전을 넘어서 이탈리아 국가구조 자체에 대한 대결로 나서게 되었던 것이다. 학생들은 정통 공산주의, 즉 공산당의 영향을 경험하지 않고 곧바로 급진적인 행위 및 의식으로 '매개' 없이 넘어갔다. 그들의 반권위주의적인 공격은 중도좌익정부의 무능을 드러냈고 기민당의 정책을 탄핵하는 역할을 했다.

이탈리아의 68년 운동은 학생소요가 노동자계급투쟁과 융합됐다는 점에서 독특(유일)하다. 1968~1969년에 북부 이탈리아의 공장노동자들은 대중적인 저항을 하였다. 노동자들의 요구는 임금보다는 생산과정에 대한 통제에 초점이 맞춰져있었으며, 자생성이 그 특징이었다. 노동자들은 노조지도부를 위협하였고, 임금에 관심을 가질 때에도 '한 공장 안에서 모든 등급의 노동자들에게 동일한 인상률'이라는 평등주의적인 형태를 제시함으로써 분파주의를 극복하려 하였다. 이러한 압력이 처음 분출된 곳은 노동자계급의 전통적 공산당계 조직이 강한 곳이 아니라 전통적으로 수동적이며 기민당의 우세지역인 베네토(Veneto)였다. 이들은 공산당의 지도를 원치 않았으며, 이로 인해 일일파업조직을 노조 공식기구에 파견하는 것을 거부하였고, 대신 학생모임 같은 집회(assembly)를 만들었다.

1969년의 투쟁은 노동자들이 생산속도를 높이라는 경영진의 요구를 거부하면서 시작되었다. 노조는 도시에서의 고율 임대료(rent)에 대항한 파업을 지시하기도 하였지만, 기본적으로 노동자들의 에너지를 공장에 한정하려 하였다. 그러나 노조의 바람과 달리 노동자들의 저항은 대중적인 가두투쟁으로 발전하였고, 토리노와 밀라노 등에서는 총파업이 단행되었다. 10월에는 도시투쟁이 전국적인 현상이 되었으며, 1969년 말 연금체계에 대한 개혁을 강요하는 총파업이 단행되기까지 하였다.

이 '뜨거운 가을'에 이루어진 노동자투쟁을 보면[4] 그 방향이 철저한 변화를 지향하고 있었음을 알 수 있다. 공장 안에서의 반(反)서열제 투쟁, 반(反)공장경영자 투쟁, 임금차별과 물질적인 동기부여 즉, 인센티브제에 대한 거부, 노동자와 화이트칼라 직원들과의 관계개선을 위한 투쟁, 노동자와 학생의 연계투쟁, 대(對)생산투쟁, 대(對)사물투쟁, 반(反)조합투쟁, 반(反)전위투쟁, 반(反)대표투쟁 등은 당시에 있어 아우토노미아적인 성향을 강하게 나타내고 있었다.

이 기간에 나타난 이탈리아 노동운동의 주요 성과 중 하나는 새로운 작업장 대표형태인 '공동기층위원회(Comitato Unitario di Base)'의 발전이었다. 운동 초기에는 모든 노동자들에게 파업 집회가 개방되었고, 투쟁위원회 조직들만 존재하였으나, '우리는 모두 대표다'라는 슬로건 하에 점차 대표(delegates)를 거부하는 방식으로 나아갔다. 즉, 노조원과 비노조원이 함께 참여하고 노동자들이 직접 통제하는 조직화로 나아간 것이다.[5]

이러한 저항의 결과 1969년과 1970년 초에 노동자들의 요구가 대폭 수용된 계약들이 체결되었고, 더욱 중요한 것은 공장 안에서 권력균형의 거대한 변화가 나타났다는 것이다. 협상에서 경영진은 노조를 대표로 인정하기 시작했고, 노조들이 공동기층위원회를 대체해 나가기 시작했다.[6] 1972년에는 북부의 대규모 사업장에서 정상적인 노조구조가 재생되었다. 이렇듯 노동자투쟁의 성과는 노조구조의 쇄신을 가져왔고, 다양한 법개정 등을 통해 실질적인 개혁이 이루어졌다. 그리고 특히 이 시기 노동자들의 '밑으로부터의 저항'은 분열되어 있었던 각종 노조조직들에 압력을 가하여 노조연합체의 탄생을 가져왔다.

1968년에 대학과 공장들에서 시작된 투쟁의 흐름 속에서, 그리고 1969년의 '뜨거운 가을'을 거치며 노동자계급운동이 활성화되는 가운데 정통 좌익(공산당)과 노동자운동 사이에 분열이 생겨났으며, 대중적인 기반을 지닌 아우토노미아 정치운동을 향한 길이 열렸다. 또한 이 시기에 만들어진 공동기층위원회, 학생자율집회(assemblies) 등에 기초하여 몇 가지 전국적인 운동조직이 생겨났다.

공산당은 68년 운동에 대해 처음에는 당황해 하였다. 공산당 내부에서는 68년 운동을 적극적으로 수용하려는 입장과 그것을 극단적·무정부적인 것으로 보는 입장으로 나뉘어졌다. 예컨대 68년 운동을 적극적으로 수용했던 '마니페스토(Il Manifesto)' 그룹은 당의 공식 입장을 비판하고 자신들의 생각을 펴기 위해

월간지를 발행하고 토론 및 논쟁을 전개하였다. 이 그룹은 나중에 당에서 축출되어 활동하게 된다. 신좌파의 내부에서도 노동자주의적인 흐름과 마르크스-레닌주의적인 흐름으로 분화되는 양상이 나타났다.

전반적으로 이탈리아의 68년 운동은 새롭고 폭발적인 사회현상들을 고전적인 정치혁명 틀과 결합하는 특징을 지녔다. 임금노동에 대한 비판과 노동거부는 대중투쟁의 원동력이 되었고 구체적인 자유형태들을 추구하였다. 그러면서도 계급갈등이 극도로 양분화되고 정치적인 매개 및 제도적인 장치들이 미비하였기 때문에, 자유를 위한 새로운 공간들 및 소득을 위한 투쟁과 국가장치의 파괴라는 레닌주의적인 문제설정이 연결될 수 있었다.

이러한 이탈리아의 운동이 가지는 특징은 네그리의 이론과 실천을 규정하게 된다. 네그리는 레닌주의와 아우토노미아를 결합해 나가다가 1970년대 들어 아우토노미아 쪽으로 기울어져 간다.

먼저 네그리가 68년 운동을 어떻게 겪었는지 살펴보자. 네그리는 1963~1971년까지 베니스에서 살면서, 두 아이를 낳았고 1968년을 겪었다. 네그리에 따르면 이탈리아에서 1968 운동은 훨씬 이전부터 시작되었다고 한다. 베니스에 있는 대학의 건축학부가 1965년 이래로 학생저항의 중심지가 되었는데, 당시 이 학부에는 아주 중요한 예술가들이 많이 있었다.

그리고 근처에는 네그리가 활동가로 시작하였던 포르토 마르제라(Porto Marghera) 석유화학단지가 있었다.

　1960년대 초반 이래 네그리는 노동자들로 하여금 자신들의 노동조건을 인식하고 노조를 결성할 권리를 지키라는 전투적인 정치연설을 하였다. 1963년에는 기층위원회들을 만들기 시작하였고, 첫 번째 거대파업을 조직하였다. 1968년에는 베니스와 파도바에서 온 학생들이 포르토 마르제라의 노동자들과 결합하였다. 그들 간에는 10여 년 동안 접촉이 있었기 때문에 이러한 결합은 자연스럽게 진행되었다. 건축학부는 바로 노동자들의 집결장소였다. 그리고 음악가 루이기 논노(Luigi Nono)와 화가 에밀리오 베도바(Emilio Vedova)가 이끄는 베니스의 지식인들은 운동에 전적인 지지를 보냈다. 1968년 6월, 네그리는 다른 사람들과 함께 유명한 예술품전시회인 비엔날레의 개막을 저지하였고 이것은 결국 장소를 바꿔 세 달 뒤에 열리게 되었다. 9월에는 모스트라(Mostra)라는 영화제를 저지하였다. 당시에 경찰은 소형폭탄을 설치하여 무장지대를 만드는 등 이들의 저지를 방해했는데, 이는 그 후 저항을 막을 수 없을 때 사용하는 방법이 되었다.

　2년 뒤 여름휴가 첫날인 1970년 8월 1일, 포르트 마르제라에서 하나의 사건이 일어났다. 이탈리아 동북부의 교통은 모두 그 산업지대를 통과해야 했는데, 이는 곧 포르트 마르제라의 도로와 철도를 막으면 그 지역 전체가 마비된다는 것을 뜻했다. 도시를 둘러싼 마을 곳곳에 바리케이드가 설치되었고,

이로 인해 독일 여행객들은 남부로 여행을 할 수 없게 되었다. 베니스를 막 벗어난 곳에서는 열차가 방화되었다. 네그리는 정말 엄청난 것을 보았다고 한다. 당시 포르트 마르제라의 분위기는 아주 극단적이고 폭력적인 상황이었고, 세계에서 가장 아름다운 도시인 베니스에서 2킬로미터 떨어진 곳에서 수백 명의 노동자들이 말 그대로 일에 녹초가 되어 암으로 죽어가고 있었기 때문이었다.

이처럼 이탈리아에서는 1965년부터 학생과 노동자들의 혁명적인 저항이 등장하였고 특히 학생 및 노동자들의 투쟁이 융합되는 모습을 보였다. 이러한 상황은 10여 년 동안 계속되었다. 1969년의 '뜨거운 가을'까지 네그리는 안전, 일관생산라인에서의 속도감축, 노동자규율 등의 쟁점에 관심을 집중하였다. 당시에는 공장점거운동이 널리 확산되고 있던 중이었다. 1969년 가을에는 수많은 조직들이 형성되었고 이들은 이탈리아 공산당 좌파를 형성하였다. 이들은 독자적인 잡지들을 냈고 네그리의 이론을 자신들의 논거로 삼았는데, 이 조직들은 대체로 1973년까지 존속하였다. 이 시기에 네그리는 『노동자권력』을 중심으로 정치활동을 하였다.

1968년 이후 2년 동안 베니스에 머물던 네그리는 밀라노로 간다. 정치적인 관점에서 보았을 때 밀라노는 베니스보다 더 중요한 도시였다. 네그리는 밀라노에서 가장 큰 자동차공장인 알파 로메오(Alfa Romeo)에서 조직작업을 시작하였다. 하나의 위원회가 이미 토리노의 피아트 공장에 설립되었고 뒤이어 밀라노의 가장 큰 공장들인 피렐리(Pirelli), 지멘스(Siemens)에서도 위원회들이 설립되었다. 1971~1972년에 네그리는 '노동자 아우토노미아' — 당시에는 '노동자 권력'으로 불렸지만 — 를 시작하였다. 후에 네그리 일파는 전 지역에 걸쳐 작은 집단들의 전체 네트워크를 만들기 위해 이 집단을 해체하였다. 한마디로 밀라노는 아우토노미아 실험의 중심지가 되었던 것이다. 이러한 활동은 네그리가 체포되기까지 계속되었다.

네그리는 정치적인 개입을 계속하면서도 다른 한편으로는 학계에서도 활동을 계속해 나갔다. 파도바에서는 1960년대 후반 들어 명성 있는 학자집단이 형성되기 시작했고,[7] 이들은 네그리가 설립한 파도바 대학 정치학연구소를 중심으로 급진적인 사상을 발전시켰다. 네그리 역시 이곳에서 자신의 생각을 발전시켰고, 이 연구소는 급진사상의 국내외적인 교차로가 되었다. 이 시기에 네그리는 「케인즈와 1929년 이후 자본주의 국가론」(1967), 「마르크스, 순환과 위기에 관하여」(1968)(이 두 글은 『노동자와 국가』라는 이름으로 1972년에 이탈리아에서 발간된다), 「계획국가의 위기: 공산주의와 혁명조직」(1971) 등의 글에서 자본주의 위기론 및 국가론을 발전시킨다.

아우토노미아^(자율) 운동

노동자주의의 운동흐름과 달리 1970년대 들어 전개된 아우토노미아 운동은 공장 안에서뿐 아니라 밖에서의 다양한 운동들을 강조하고 '사회적인 공장'이란 문제설정에 입각해 있었다. 이러한 아우토노미아 운동을 배태시킬 수 있었던 것은 1968년 전후의 노동자주의라는 흐름 위에서 광범위하게 확산된 저항운동이었다.

1970년대로 접어들면서 이탈리아의 사회운동은 '공장에서 사회로' 나아갔고 다양한 투쟁형태 및 운영방식들을 통해 대중의 창조성을 드러냈다. 이렇게 투쟁의 공간이 공장에서 사회로 확산된 것은 노동자계급의 투쟁에 대응한 자본의 재구조화에 따른 노동자계급 구성의 변화에 기인한 것이었다.

자본의 재구조화의 요소로서 정치적으로 나타난 것이 바로 '역사적 타협' 정책이다.[8] '역사적 타협'을 계기로 공식적인 노동운동(공산당과 노조)과 아우토노미아 운동 사이의 분열이 심화된다.

역사적 타협으로 인해 아우토노미아 운동은 공산당과 손잡느냐 아니면 조직을 해체하느냐라는 기로에 서게 되었다. 1973년부터 아우토노미아 운동은 한편으로는 좀더 조직화된 운동('지속적 투쟁 Lotta Continua'의 경우)으로, 다른 한편으로는 전국적인 조직이 해체되어 지역조직들로 나뉘어 진행되는 '아우토노미아 영역'으로 분화되어 전개되었다. 바로 이 때 아우토노미아적인 여성운동의 등장으로 아우토노미아 운동은 운동 내외부에서 큰 자극을 받았다. 이 여성운동은 '개인정치학'을 새로이 강조하였고 생활의 질적인 요구와 투쟁의 자율조직을 연결시킬 것을 강조함으로써 기존의 운동모델에 새로운 문제를 제기하였다.

역사적 타협 정책의 실시, 대중노동자의 중심성 상실, 새로운 사회적 주체의 등장과 새로운 대안적 사회에 대한 요구 등을 통해 1973~1975년 사이에 아우토노미아 운동은 널리 확산되었다. 1974~1976년에는 대중적인 불법행동 및 폭력의 실천이 다양한 투쟁형태로 확산되었는데, 이러한 실천은 폭력적인 저항을 지향하여 무장조직으로 나아가거나 새로운 사회적인 주체에 의한 분산된 폭력의 행사(대중폭력)라는 방향으로 분화되었다. 이러한 흐름 속에서 1977년 들어 학생, 여성, 실업자 등 이른바 '주변층'이 로마 대학을 점거하는 것으로 시작한 '봄 반란'이 볼로냐에서는 봉기상태로까지 발전하였다.

1977년 말에서 1978년까지 무장조직들이 성장함으로 인해 아우토노미아 운동의 위기는 더욱 급박해졌다. 1978년에 발생한 전 수상 알도 모로의 납치 및 살해사건은 아우토노미아 운동과 '무장'집단 간의 간격을 더욱 벌려놓았다. 테러리즘과 국가의 대응폭력이 연쇄적으로 작용하는 가운데 집권정당과 테러리스트 사이에서 아우토노미아 운동의 공간은 더욱 축소되어 갔으며 이러한 과정은 1979년 4월 19일, 지식인들과 많은 활동가들에 대한 체포로 극적으로 전개되었다.

여기서 무장운동[9]은 생략하고, 이 시기의 운동을 몇 가지 부문으로 나누어 살펴보자.[10]

노동운동과 사회투쟁

68년 운동에서 노동자들의 투쟁 이후 노조를 매개로 협상이 이루어졌지만 노동시간, 성과급, 직업안정성 및 직무평가 등의 항목들에 대해서는 타결이 이루어지지 않았다. 이런 상태에서 공산당과 노조는 이러한 쟁점들과 관련해서 작업장에서 공세를 강화하는 대신, 방어적으로 직접적인 요구로 자신들을 한정해갔다.

따라서 노동자 기층에 의거한 아우토노미아 운동은 68년 운동 과정에서 형성된 아우토노미아 조직 및 집단들과 기존

노조조직 사이에서 활성화되었다. 또한 그것은 노조운동에 한정되지 않고 사회투쟁과 결합되는 양상을 보였다.

공장 안에서도 다양한 투쟁이 전개되었다. 피아트의 미라피오리 공장에서는 노조의 파업투쟁과는 전혀 다른 운동이 등장했다. 1972년 9월, 토리노 총파업 이래 가을 동안 토리노의 피아트 미라피오리 공장의 노동자들은 '내부행진(cortei interni)'[11]에 들어갔다. 1973년에 자동차노동자들이 연좌에 들어갔을 때 경찰이 진입하였고, 경찰과의 충돌과정에서 한 노동자가 죽는 사건이 일어났다. 이로 인해 2월 들어 약 2만여 명의 노동자들이 공장을 점거하게 된다. 이것은 후에 '공장점거' 투쟁형태를 확산시키는 계기가 되었다. '내부행진'과 더불어 '대량결근'을 통해 노동자들은 일을 하지 않고도 상당한 임금을 전유할 수 있었다. 이러한 결근투쟁은 파업, 피켓팅, 공장점거, 대중시위 등과 결합되어 나갔다.

3월 말에 공장은 다시 점거되었다. 노조는 투쟁을 제어하려고 하였으나, 노동자들은 점거한 공장 안에 항구적인 '정치집회'를 만들었다. 노동자들은 파업참여자들에게만 임금을 지불하고 십장과 파업파괴자들에 대한 인민재판을 실시하였다. 곧이어 토리노 지역에 있는 대부분의 공장이 노동자들의 손에 들어갔고, 총파업은 무장점거로 전환되었다. 이것은 노조와 자본가에 의해 작동된 억압적인 조건에 반대하는 힘의 직접적인 행사로 볼 수 있는 형태였다. 이러한 피아트 미라피오리 공장점거운동은 그 후 엄청난 반향을 불러 일으켰다. 파업이 공장의 생산과정을 정지시키고 계약타결을 변경해가는 투쟁이었다면, 점거는 공간 전체에 대한 노동자들의 장악과 관리가 이루어질 수 있는 투쟁형태였다.

점거투쟁은 이미 68년 운동과정의 다양한 부문에서 전개되어 왔다. 1969년의 '뜨거운 가을' 이후 빈 공동주책에 대한 점거, 광범위하고 지속적인 임대료파업 등을 통해 노동자계급은 자신들의 주거조건을 위해 투쟁하였다. 또한 식료품비 인상, 비싼 운송료, 부적합한 학교 및 간호시설, 비싼 의료시설, 감옥환경 등에 대항해서도 투쟁을 전개하였다. 그렇게 함으로써 그들은 자본가들의 통제에서 벗어난 새로운 생활양식을 자신들의 공동체 안에 만들어가기 시작하였다. 이러한 투쟁들은 노조적 전통을 넘어서는 공동체투쟁이라고 할 수 있다. 68년 운동을 통해 공장 안에서의 계약이 노동자들에게 유리하게 전개된 바 있지만, 자본은 점차 인플레 및 각종 국가정책, 투기 등을 통해 노동자계급을 공격해나갔다. 이에 대응하여 노동자계급의 투쟁은 공장에서 사회로 확장되었다. 즉, 공장이라는 공간 점거에서 공동체라는 공간을 점거하는 방향으로 확산된 것이다. 물론 이런 공동체투쟁은 노동자들이 직접 주도하기보다는 이웃공동체 수준에서 시작되었으며 노동자들이 합세하는 양상이었다.

이러한 사회투쟁들과는 달리 노조가 주도한 새로운 운동형태로 '150시간 기획'이라는 교육프로그램이 있었다. 1973년에 기술노동자 노조협상에서 이루어진 이 기획은 노동자들로 하여금 승진에 영향을 주는 자격증─당시에는 기술노동자의 80%정도가 중등학교졸업장을 받지 못했다─을 취득하도록 고안되었다. 이는 한마디로 공부를 하도록 하는 유급휴가였다. 그러나 이를 국가나 사립학교가 아닌 노조가 주최하여 운영하였기 때문에 교육과정의 내용, 교육형태, 학생선발, 교사임명도 노조가 주도하였다.

이를 실행하면서 집단학습 및 교육에서 몇 가지 눈에 띄는 실험이 이루어졌다. 68년 운동의 학생 및 노동자 선도자들이 학급에 다시 들어왔고, 밀라노에 있는 지식인집단들은 대학 및 서점과 공동으로 교과과정을 연구하고 강의하는 데 상당한 힘을 쏟았다. 연구노트들은 노동시장, 성과급, 조합역사, 급진적 사회학자들의 기타 연구들을 포함하고 있었다. 노동자들은 노동과정, 건강문제 등에 관한 자신들의 고유한 경험과 지식에 의거하여 교사와 학생 간에 토론을 이끌어갔다. 또한 교사와 학생 간의 위계는 공식교육제도에서와는 상당히 달라 학생이 교사의 교사이기도 했다.

아우토노미아 여성운동

마르크스주의와 페미니즘이 19세기 말에 유럽 여러 나라에서 갈등관계에 있었던 것에 비해 이탈리아 여성운동은 그렇지 않았다. 대체로 이탈리아 노동운동은 생산영역 외부에서 발생하는 문화·정치적인 쟁점들에 대해서 비교적 개방적인 태도를 취해왔다. 그람시의 영향 하에 노동운동과 마르크스주의는 다양한 시민사회영역을 포괄하려는 유연한 자세를 지니고 있었던 것이다. 그러나 주류적인 관점은 계급해방을 축으로 하여 여성문제가 해결될 것이라는 전통적인 마르크스주의적인 여성해방론이었다.

제2차세계대전 직후 해방의 분위기는 보다 좋은 조건을 창조하였다. 하지만 여성에게까지 선거권이 확대되었고, 성 평등이 헌법에 보장되는 등 주로 여성에 대한 '보호'가 대부분이었다. 이러한 것들은 특히 공산당과 연계된 이탈리아 여성조합(Unione Donne Italiae, 즉 UDI)에 의해 주로 수행되었다. UDI는 1943년에 반파집단으로 생겨난 '방어집단들(여성방어와 자유의용군보조를 위한 집단들)'의 베테랑들에 의해 1944년에 창립되었다. 1950년에는 약 1백만 명의 여성들이 회원이었을 정도로 UDI의 세력은 그 정점에 이르렀다. 해방 후 중요한 이슈는 모성보호권이었고, UDI는 이 캠페인을 위해 모든 자원을 동원하였다. 1950년에 기혼여성노동자에 대한 보호법(산전산후휴가, 양육휴가 등)이 통과되었다. 자율적인 여성운동이 없었음에도 불구하고, 노동조합과 좌파정당의 정부에 대한 압력은 여성을 위한 정치적인 '이니셔티브(initiative, 국민발안제)'의 중요한 원천이었고, 입법에서 두드러진 결과를 가져왔다.

중간층과 노동자계급을 포함하는 급진주의적인 여성운동은 68년 운동을 계기로 1970년대에 이탈리아 사회를 통하여 확산되었다. 운동의 흐름은 처음에는 학생, 지식인, 그리고 68년

운동에 참가했던 중간층 여성들에 의해 형성되었다. '1968년의 젊은 여성'은 이탈리아에서 해방된 여성의 1세대를 의미했고, 1950~1960년대의 근대화 과정 이후의 성인이라는 점과 고등교육을 받았다는 특징을 지니고 있었다. 이전과는 달리, 이 기간의 운동은 평등과 해방을 향한 초기의 여성투쟁을 불신하고, 평등이 아닌 '차이'를 적극적으로 평가해 나갔다. 즉, 평등에 대한 요구는 결국 여성보호라는 주장으로 귀결된다는 것에 반성하면서 여성의 독자적인 특성, 남성을 준거로 한 것이 아닌 여성 그 자체의 특성을 강조하는 논리로 나아갔던 것이다. 북부와 중부 대도시에서 출발한 이러한 급진적인 여성운동은 전국적인 규모로 확산되었다.

1967~1970년의 시기에 가장 영향력 있는 집단은 '권위주의 탈신비화(Demystification of Autoritarianism, 즉 Demau)' 집단이었다. 이 집단은 권위주의에 대한 비판을 수행하였고 여성연구집단을 만들어냈다. 이 집단은 1970년대 아우토노미아 여성조직의 원천이 되었다. 1968년의 사회운동 과정을 겪으면서 1970년대 초에 여러 여성조직이 출현하였는데,[12] 이들은 지식인과 정치활동가로 구성되었다.

1974년경까지 초기 조직들은 주로 의식향상을 실천하는 소그룹의 중요성에 집중하였고 그 결과, 1970~1974년에 의식향상(consciousness raising)집단이 출현하였다. 의식향상집단을 통해 여성들은 가족생활, 성애(sexuality)와 성 경험, 다른 남녀와의 관계, 다른 제도와의 관계들을 분석하였고, 이로 인해 서로의 인식을 확장해 나갔다. 의식향상은 이른바 이념교육식의 의식화를 말하는 것이 아니라 자기의식(autocoscienza)의 고양을 의미하였다. 자기의식화 작업은 여성들의 일상경험을 발견하는 데 초점을 두었고, 점차 개인적인 시간을 다른 여성들과 만나는 정치적인 시간으로 전환시켜갔다. 이를 통해 '집합적인 정체성(주체성)'을 형성할 수 있었고, 이를 기반으로 집합적인 실천으로 나아갈 수 있었다. 전통적인 방식에서 하듯이 이념을 의식적으로 배워 그에 따라 운동한다는, 그래서 이론 중심인 당의 지도를 받아야 한다는 방식과는 아주 다른 것이었다. 이 작은 의식향상집단들은 대개 단명하였지만, 그 이후 다른 집합체들이 등장하는 밑거름이 되었다. 1970~1974년에는 자료와 저작이 대량으로 출판되기도 했다. 이 기간에 이탈리아 페미니즘은 국제 연대조직에 참가하고, 미국과 프랑스의 페미니스트 문화에 영향을 받았다.

이러한 자기의식화의 기초 위에서 나중에 '여성건강집합체', '낙태집단', '자기분석집단', '가사노동을 위한 임금위원회', '병원과 공장 주위의 개입집단', '여성서점' 등을 만들어 갔다.[13] 이러한 실천형태들은 남녀의 '평등' 개념에 기초한 것이 아니라 남녀의 '차이'를 강조하는 인식 위에서 나타난 것들이었다.

1970년대 중반에 접어들면 여성운동의 대중적인 진출이 두드러지게 나타난다. 이 시기에는 대중투쟁의 주요 쟁점이었던 이혼법에 관한 국민투표가 있었다. 사회당원인 푸르투나(Fourtuna)

는 1965년에 이혼법을 제출하였는데, 이탈리아 공산당(PCI)은 국민투표를 회피하였다. 이는 패배에 대한 두려움과 더불어 가톨릭과 비가톨릭의 분리 역시 두려워하였기 때문이었다. 하지만 광범위한 여성대중의 시위 속에서 1974년에 결국 국민투표가 받아들여졌다.

1977년의 운동[14] 과정에서 어린 소녀의 강간사건에 대한 국가의 처리방식에 대해 불만을 품은 여성들이 자유라디오 연결망을 통해 대중적으로 결집하여 국가에 압박을 가하기도 하였다. 이로 인해 성폭력에 관한 논의가 대중적인 차원에서 확산되는 계기가 되었다.

이러한 과정에서 여성운동은 대중운동으로 성장하였고 공산당 중심의, 노동자 중심의 운동에 일대 충격을 가하였다. 여성의 독자성을 강조하는 이러한 여성운동의 발전은 이탈리아 아우토노미아 운동의 주요한 흐름을 형성하였고, 소집단들의 네트워크를 만들어갔다. 낙태를 금지하는 또는 의사의 허가에 의해서만 가능하도록 통제하려는 정책에 대항하여, 여성들은 '불법적인' 낙태(자율낙태 autodenuncia)를 조직화해 나갔다. 이와 같은 시민불복종 및 불법행동은 당국과의 대결로 나아갈 수 있었다. 여성운동은 낙태를 시민권이라는 쟁점에서 권력이 사회에서 행사되는 방식에 대한 투쟁으로 변형시켰다. 또한 낙태에 대한 시민불복종과 대중동원을 통해서 스스로 전국적인 세력으로 성장하였고, 개인적인 사안을 정치적인 사안과 직결시켰다. 생물학적 기능의 통제에 대항한 이러한 투쟁은 기존 사회의 지배적인 가치들에 대한 비판을 포함하고 있었고, 신체정치가 구성되는 방식에 대해 문제를 제기하게 되었다. 이 과정에서 페미니즘, 즉 여성운동이 제기한 요구들이 지닌 가장 커다란 특징은 여성의 자기결정에 대한 존중이었다. 이 시기에 나타난 다양한 '자조(自助)집단'들은 절대적인 자기결정권을 주장하면서 자신들의 고유한 방식을 관철시키려 했다.[15]

페미니즘의 전반적인 발전에 있어 이탈리아적인 가장 큰 특징은 여성조직들과 좌파정당들 간의 갈등적인 관계에 있다. 어쨌든 여성운동은 '노동자계급의 요구에 참여'한다는 추상적인 강령에 근거해서가 아니라 참여자들 자신의 물질적인 그리고 다양한 욕구에 기초하고 있었다. 이처럼 여성운동은 개인적인 것과 정치적인 것을 통합하는 데서 그리고 위계적인 구조 및 지도자상을 공격하는 데서 매우 강력하게 작용하였다. 그리하여 그동안 정치의 기본원리로 생각되어 온 '위임(delegation) 원리'를 반대하면서 '여성주체'를 직접적으로 제시하기에 이른다. 헤게모니 개념에서 벗어나 자율적인 여성조직의 기반 위에서 다양한 미시코뮌들을 만들어가려는 것이다.

무장(테러) 운동과 아우토노미아 대중운동의 간격이 커지고 국가의 탄압이 강화되는 위기 속에서 각종 운동조직들이 점차 사라져 갔지만, 여성운동은 정치적 조직에 의존할 필요가 없었으며, 당이나 제도로부터 승인받는 공적세력이기를 그쳤다. 대신 여성운동은 잠재적이고 드러나지 않은 구조들을 지닌 하나의 '영역'이 되었다. 비공식적인 조직들이 전국조직을 대체하였고, 그 영향은 정치체제와의 관련 속에서보다는 전체 사회에 대한 '색다른' 의미를 만들어내는 자신의 역능과 문화적인 코드에 대한 효과와 관련하여 드러났다.

청년학생운동

68년 운동에서 학생층의 저항은 운동의 진원지가 되었다. 학생들은 그 후의 운동과정에서도 노동자와 함께 하는 다양한 투쟁에 참여해왔다. 특히 그들은 문화혁명의 꿈을 지니고 있었고, 대항정보(counter-information), 반문화라는 주제 하에 여러 가지 활동을 전개해 왔다.

1975~1978년, 몇몇 주요 도시에서 젊은이들은 운송요금 및 극장입장료 인하운동을 벌이고 자유라디오방송국들을 설립하였다. 이들이 대중화하겠다고 주장한 것은 자유시간의 재전유를 위한 투쟁, 자유공간의 창출, 비의회좌익의 정치비판 및 반권위주의 등이었다.

하지만 이들은 새로운 투쟁형태를 만들어내기보다는 1970년대 초반에 이루어진 투쟁형태(점거, 자율인하 등)들을 사용하면서 거기에 다른 의미를 부여하였다.

점거운동이 1970년대 중반에 와서는 주택에만 한정되지 않고 점차 정치·문화적인 센터로 사용될 수 있는 것들에 대한 점거로 확산되었다. 1970년대 초반의 점거운동이 주택확보의 의미가 컸다면 이 시기에는 재전유를 위한 투쟁이라는 측면을 강하게 지니고 있었다. 1975년 초부터 1977년 말까지 청년집단들은 밀라노에서 50개의 센터를 세웠고 2천여 명의 핵심 무단거주자들과 3천~5천여 명의 일시적인 참여자들을 포괄하고 있었다. 이들은 가족과 같은 기존의 관계 속에서 사는 것을 거부하였다. 더욱이 청년운동은 노동세계와는 관련이 없거나 혹은 분명히 '반(反)노동'적인 행동형태들을 개발하였다. 이들의 글은 결근, 비협동, 사보타지, 와일드캐츠 스트라이크 등(임노동의 폐지라 규정되는) 공산주의를 향한 노동자들의 욕망을 표현하였다.

여기서 '시민불복종', 즉 규칙을 깨고 도시생활의 일상성을 파괴하는 것은 대부분 예술의 형태로 실천되었다. 1977년 운동에서는 역설과 재치에 넘치는 여러 슬로건들이 나타났다. 특히 이러한 문화활동을 전개한 사람들을 일컬어 '대도시 인디안들(Metropolitan Indians)'이라고 하였는데, 이들은 조직을 이루고 있었던 것은 아니지만, 연기, 전쟁그림, 마임, 익살적인 의상 등을 사용하고 공산당을 조롱하는 예리한 독설과 재치를 보임으로써 상당히 유명해지게 되었다. 이러한 슬로건들을 통한 실험은 '횡단성'을 추구하는 반문화의 일부분이 되었다.

자율축소(인하)운동(autoriduzione, self-reduction)

자율축소(인하, 고정)란 소비영역에서 소비자들이 그리고 생산영역에서 생산자들이 집단적으로 결정된 수준에서 공공서

비스, 주택, 전기 등의 가격을 또는 공장에서는 생산성비율을 스스로 줄이는(또는 고정하는) 행위를 말한다. 자율축소운동은 68년 운동에서 작업장 안에서 반대운동의 일환으로 '산출량축소 파업'의 형태로 나타났다.

노동자들의 생산활동에서 전개되기 시작한 자율축소운동은 그 후 점차 소비자들의 활동으로 넘어갔다. 1968~1969년에도 사회적인 소비영역에서의 축소운동이 드물게 나타났는데, 학생들과 노동자들은 산발적이고 자생적으로 운송요금을 거부하기도 하였다. 검표원들은 데모대들에게 무료로 승차하게 해 주기도 하였고 데모대는 차를 자신들의 것인 양 이용하기도 하였다. 1971년, 밀라노에서는 젊은이들이 연주를 거부하겠다고 위협하여 팝콘서트의 입장료를 인하한 일이 있었다. 임대료파업도 자율인하운동의 형태로 전개되기도 하였다.

사회적인 소비의 영역에서 나타난 자율인하운동은 1974년에 들어 적극적으로 전개되었는데, 이는 정부가 생산을 재구조화하고 소비영역에서 공공지출을 줄이는 정책을 추진하면서 노동자계급의 가계를 압박해갔기 때문이었다. 이 시기의 자율인하운동에서 새로운 것은 운동이 공공운송, 전기, 주택난방 등과 같은 필수적인 부문들로 확산되었다는 것이다. 무단거주와 슈퍼마켓 음식물의 조직화된 대중적인 전유와 같은 유사한 실천들의 맥락에서 봤을 때 이러한 투쟁은 단순한 방어적인 투쟁을 넘어, 노동자계급이 생산했지만 자본이 지불하지 않은 사회적 부를 재전유하는 것이었다.

자율축소운동의 맥은 계속 이어져 1970년대 중반 이후에는 젊은이들이 각종 문화행사 입장료 인하(고정)운동을 벌였고, 그렇게 해서 전유한 공간을 자신들이 직접 자유롭게 활용하려는 재전유운동으로 나아갔다.

자유라디오운동

1970년대에 이탈리아에는 집권정당들이 독점한 3개의 국영방송이 있었는데 각자 자신들의 뉴스프로그램을 가지고 있었다.

이러한 독점상황 속에서 1975년 7월, 피드몬트(Piedmont)에서 불법적으로 방송을 했던 '붉은 전파(Onde Rosse)' 사건이 터졌다. 이 방송은 혁명가요를 곁들이면서 유명한 활동가들과의 인터뷰를 방송하였다. 매일 아침 '붉은 여단'의 무장활동을 주도한 혐의로 수감된 한 활동가의 조속한 석방을 요구하는 방송도 있었다. 이 같은 방송이 1주일 정도 계속되자 경찰이 습격하였고 방송은 폐쇄되고 재판을 받게 되었는데, 법원은 국가가 방송장비를 몰수한 것은 헌법에 어긋난다고 판결하였다. 즉, 방송의 국가독점은 불법이라고 결정하였던 것이다. 이러한 전파의 '해방'으로 즉각 한 해에 800개가 넘는 자유방송국들이 생겨났다.

라디오 방송국은 비교적 적은 비용으로 설립이 가능했고 운영비도 신문에 비해 매우 낮았으며, 운영도 대부분 자원자들에 의해 이루어졌다. 그런데 신문과는 달리 듣는 것은 자유 (무료)였기에, 재정은 여전히 문제였다. 방송자금은 방송국이 요청한 공공기부금, 약간의 제한된 광고(비록 많은 방송국이 상업적인 침투를 거부하였지만), 정치집단이나 정당 또는 다른 이해집단들의 후원(여기서도 일부 방송국들은 그러한 자금후원을 받지 않으려 하였다) 등이었다. 당시 자유라디오 방송국들 가운데 약 50~60%가 록음악을 내보내면서 상업적인 지원을 받았고, 다른 30% 정도는 라디오 무선가들이나 소수집단성원들이 꾸린 예산을 사용하였다. 그리고 20% 정도는 자유라디오의 '사회주의적인' 방송국들이었다.

자유라디오의 방송내용은 매우 다양하였다. '노동자전위' 및 '프롤레타리아 통일당'의 자금으로 로마에 설립된 '미래도시 라디오'는 방송에 대한 어떤 명확한 통제도 없었으며, 혁명적인 좌익들과 노동자운동 전체의 충분한 의견표현의 장이었다. 이러한 자유활동은 국가의 지배권력을 약화시키는 분자적인 증식운동의 역할을 하였다.

국가는 점차 자유라디오에 압박을 가하기 시작하였다. 모든 방송국에 대해서 일정한 세금을 내도록 경제적으로 압박하였던 것이다. 이러한 움직임은 광고를 많이 받을 수 있는 상업방송국과 그렇지 못한 좌익방송 사이에 벽을 쌓으려고 계획한 것이었지만, 저항에 부딪쳐 실패하고 말았다. 그러자 국가는 '라디오 알리체'(Alice)의 경우처럼 노골적으로 물리적인 압박을 가하기 시작하였다.

볼로냐에서 3월 소요 및 시위 때에 라디오방송국은 아주 새로운 방식으로 이용되었다. 시위 중에 경찰들의 움직임을 추적하고 그것을 시위대들에게 연결해주는, 직접적으로 공격적인 무기로 사용되었던 것이다. 경찰과 무장차량이 볼로냐 대학에 진입한 1977년 3월에, '라디오 알리체'는 공중전화박스에서 시내의 동향을 알리는 동지들 및 시민들의 '생방송' 전화를 방송하였다. 경찰의 습격을 받고서도 재빨리 방송을 재개하고 장소를 바꾸어가며 활약한 '라디오 알리체'의 경험은 이 시기에 지성적, 조직적, 정치적, 창조적 에너지를 축적하고 실험한 것의 상징으로 남아있다.

1977년 여름까지 자유라디오방송국은 엄청나게 확산되어 소규모 '와일드캐츠' 방송국들의 연결망을 만들어냈다. 자유라디오를 통해 기층조직이나 혁명조직들의 결정이나 약속을 신속히 소통할 수 있었으며, 조정되고 통제된 소리가 아닌 '직접적인' 소리들을 들을 수 있게 된 것이다.[16] 이러한 것들은 일방통행식의 대중매체가 아우토노미아적인 관점에서도 이용될 수 있다는 중요성을 일깨워주었다.[17]

네그리의 활동과 저술

 네그리는 이상에서 언급한 아우토노미아 운동에 감명을 받아서 1973~1974년에 이 운동에 깊숙이 개입하는 글을 쓰기 시작한다. 「개량주의와 재구조화: 공장지배로서의 국가의 테러리즘」 「'사회적 노동자'에 관한 노트」 「위기에 관한 테제들: 다국적 노동자계급」 「일보전진, 이보후퇴─분파들의 종말」 「미라피오리 노동자당」 등의 글들이 『노동에 반대하는 노동자당』이란 책자로 1974년에 이탈리아에서 발간되는데, 이 글들은 아우토노미아 조직론의 중심적인 텍스트들로 남아있다. 또한 1973년 한 강연에서의 연설문이었던, 레닌의 조직론을 비판적으로 넘어서려는 글이 1977년에 『전략의 공장』이라는 제목으로 출판된다. 그리고 이탈리아 공산당의 주장을 비판하기 위해 1974~1975년에 쓴 글들 중 특히 「헌법상의 노동」 「공산주의 국가론」 「국가와 공공지출」 등이 『프롤레타리아와 국가』(1976), 『국가형태』(1977)로 출간된다. 이 글들은 국가와 법률 및 헌법, 국가와 노동, 국가와 공공지출 등 중요한 문제들을 제기하고 설명해준다.

'노동자권력'이 1973년에 해체된 직후였던 이 시기에 네그리는 이탈리아 북부의 활동가들과 함께 '노동자 아우토노미아 (Autonomia Operaia)'를 결성한다. '노동자 아우토노미아'는 1970년에 창설된 '붉은 여단'과는 달리 전위당론에서 벗어나 다양한 노동자들의 연결망을 강조하는 대중운동에 나섰다. 1974년에는 밀라노에서 발간되던 정치신문, 「로소 Rosso」에 참여하였는데, 이는 이탈리아 북부의 '노동자 아우토노미아' 영역을 지지하는 신문이 되었다. 또한 이 시기에 다양한 자율운동이 활발하게 전개되었는데, 1974년 가을에는 전기요금의 자율인하를 요구하는 자율축소운동이 전개되기 시작하였다. 그 후 앞서 살펴본 것처럼 대도시 청년들의 문화운동이 활발하게 일어났다.

1970년대에 네그리가 살았던 밀라노에는 세금이나 집세나 운송요금을 내지 않는 해방된 이웃공동체들이 있었다. 이들은 색다른 조직을 실험하는 자주관리공동체들이었다. 경찰들이 그곳에 오면 그들은 즉각 쫓겨나야 했다. 그럼에도 그들은 이용할 수 있는 거의 모든 집들을 접거했고 빈 아파트에 들어가 살았는데, 네그리는 이러한 이웃공동체 옆에 살았다. 당시의 상황은 상상할 수 없을 정도로 즐거움이 넘쳤다고 네그리는 회상한다. 이러한 해방된 공동체들은 바로 1990년대에 사회센터로 발전한다.

1970년대 중반에 이탈리아에서는 1968년의 반응으로 가톨릭주의와 스탈린주의 사이에 도착적인 동맹이 성립되었다. '역사적 타협'이라 불린 이 동맹은 공산당과 기독교민주당이 공동정책을 수행하자는 협약이었다. 이러한 타협을 통해 공산당(공산주의자들)은 노동자와 빈민의 대변자라는 자신들의 혁명적인 이상에서 벗어나게 된다. 다른 곳에서와 마찬가지로 1968년 이후에 이탈리아에서도 공장, 대학, 여성집단 등의 투쟁이 가져온 변화에 대해 사람들이 많은 희망을 가졌었는데, 이 타협을 통해 희망은 깨지고 말았다.

1976~1978년에 이탈리아에서는 '역사적 타협'에 따라 공산당이 지배권력에 동참하고 그에 따라 대중운동은 더욱 격렬해졌다. 파도바에 있는 대학에서는 집회와 시위가 일어났고 저항은 다른 도시로 확산되어 1977년에 그 정점을 이루었다. 네그리는 폭동교사 및 폭력을 전국적인 규모로 확산시켰다는 죄목으로 고소당해 수배상태에 들어갔다. 이 때 그는 파리의 고등사범학교로 갔다. 1977년 후반에 수배가 풀려 파도바로 다시 돌아왔지만 1978~1979년의 대부분을 프랑스에서 보냈던 네그리는 그곳에서 프랑스의 철학자들을 접하면서 아우토노미아의 인식론적인 기반을 다져 나간다. 이러한 배경에서 「자본주의적 지배와 노동자계급 사보타지(지배와 사보타지)」(1978)

를 쓴다. 이것은 아우토노미아 이론을 가장 집약적으로 표현한 것으로, 탈근대적인 조건에 대한 비판으로 넘어가는 전환점이 되는 글이라고 할 수 있겠다.

알튀세르의 초청으로 네그리는 파리7대학 및 고등사범학교에서 강의를 하게 되었는데, 이 때 그의 가장 중요한 저서 가운데 하나가 된『요강』강의가 이루어졌다.(『맑스를 넘어선 맑스』로 출간) 이 강의에서 그는 자본의 지배논리를 보여주는『요강』이『자본』에 비해 자본의 논리와 노동자의 논리, 즉 계급투쟁을 축으로 한 사고를 잘 보여준다고 주장하였다. 또한 그는『요강』이 이행문제 등을 적극적으로 고려하고 있다고 주장하였는데, 여기서 그는 정치경제학에 대한 '비판'을 강조하고 나아가 경제학적인 해석에 반대하며 정치(학)적인 해석을 강조하는 정치경제학 비판을 발전시키고 있다.[18]

그 즈음인 1978년 3월 16일, 붉은 여단이 기독교민주당의 핵심인 전 수상 알도 모로(Aldo Moro)를 납치하는 사건이 벌어졌다. 이 날은 공산당과 기독교민주당의 연합정부가 출범하는 날이었다. 경호원 5명이 죽었고 후에 기독교민주당과 공산당 사이에 만들어진 길 중간에 세워진 차에서 모로의 시체가 발견되었다. 이 사건을 계기로 당국은 붉은 여단뿐만 아니라 자율운동을 비롯한 모든 운동에 대해 탄압을 가하기 시작하였다. 그와 동시에 붉은 여단은 운동에서 헤게모니를 더욱 확대해갔다. 네그리는 붉은 여단의 전위당론과 국가권력의 핵심에 대한 공격전술에 대해 비판하면서 노동자들의 자율성에 기초한 자율운동을 주장하였다. 국가권력과 붉은 여단이 함께 만들어 내는 폭력적인 대결은 자율운동의 폭을 좁혀나가기 때문이었다.

1979년 4월 7일, 프랑스에서 밀라노로 돌아온 네그리는 붉은 여단이 행한 알도 모로 살해와 연루된 혐의로 체포되었다. 그에게는 알도 모로의 납치살해혐의와 더불어 국가권력에 대항한 무장전복 혐의가 추가되었다. 이 때 아우토노미아 운동을 하던 60여 명의 교수, 작가, 언론인 등도 같이 체포되었다. 네그리는 그간의 모든 테러행위의 배후 수뇌로 낙인찍혀, 파시스트법률 하에서 4년 반 동안 재판도 없이 특별감옥에서 억류되었다. 이 때 네그리에게는 '국가에 대항한 무장전복'죄가 적용되었다. 이 죄목에 대한 형량으로 1948년 이전에는 사형이 내려졌으나 1948년의 헌법에 의해 그는 사형 대신 중형을 선고받았다. 네그리에게는 믿을 수 없는 일이었지만 그것은 현실로 다가왔다.

네그리는 1977년을 통해 최악의 위기는 지나갔다고 생각했었다. 1977년에 볼로냐에서 거대한 학생시위가 일어났고 일련의 중요한 (국가와의) 대결도 있는 등 매우 폭력적인 억압의 물결이 뒤따랐기 때문이었다. 네그리는 심각한 일이 일어날 것이라고 생각했지만 사태는 조용해졌다. 그래서 네그리는 알도 모로 사건 관련으로 1979년 4월 19일에 자신이 체포되리라고는 상상도 하지 못했던 것이다. 당국은 1979년 12월 21일, 자신들이 추진하던 것과는 달리 한 '전향자'의 진술에 따라 네그리를 알도 모로 사건에 엮어갔다.

역설적으로 당시 극좌파는 부르주아지의 당인 기독교민주당과 공산당 사이에 끼어 있었는데, 공산당은 네그리를 포함한 극좌파를 통제할 수 없었고 그래서 위험하다고 생각하였다. 어떤 이들은 네그리 일파가 공산당과 분리된 당을 만들 것을 두려워하였다. 그리하여 공산당은 기독교민주당과 협력하여 네그리 일파를 붉은 여단의 우두머리로 엮어 제거하려고 하였다.

네그리는 '붉은 여단'의 몇 명을 알고 있었고 처음 출발할 때는 '붉은 여단'에 동감하기도 하였으며, 몇몇 대원들과 함께 『역정보 *Contro-informazione*』라는 잡지를 창간하기도 하였다. 그러나 '붉은 여단'이 계획했던 암살에 대해 네그리는 그러한 행동과 책략을 반대하였다. 그래서 공공연하게 '붉은 여단'의 책략에 동의하지 않는다고 천명하였던 것이다.

'붉은 여단'의 첫 번째 암살은 우연히 발생한 사건이었다. 파도바에 있는 대학에서 '붉은 여단'이 파시스트당을 공격하였는데, 이를 진압하려 했던 경찰이 그들에게 총을 발사하였기 때문에 그들은 자위권 차원에서 그 경찰을 죽였다. 누구도 암살할 의도가 없었다. 그것은 자기방어적(self-defence) 행동이었다. 그런데 '붉은 여단'의 지도부는 이것을 나중에 이론적으로 정당화하려고 하였고, 이 때부터 '붉은 여단'은 잘못되어 갔다고 네그리는 주장한다.

알도 모로 납치 당시에 네그리 일파는 알도 모로의 생명을 구하려고 백방으로 노력하였다. 정부 쪽의 인사이자 나중에 사회당의 지도자가 된 크락시(Craxi)와 대화하려고도 했다. 네그리는 무장투쟁이 돌아올 수 없는 지점까지 다다랐고 알도 모로를 구하는 것이 절대적으로 필요하다고 느꼈던 것이다. 일 년 후에 네그리 일파는 공장들에서 붉은 여단을 고립시키려 하였다. 하지만 불행히도 국가가 먼저 나서서 공격을 하였고, 네그리 일파는 붉은 여단 사람들과 같은 감방에 수감되었다. 정부는 이렇게 네그리 일파와 붉은 여단 사람들을 한 패거리로 몰아갔던 것이다.

알도 모로 사건에 관한 재판에서는 한 증인이 나와서, 협상을 위해 알도 모로 가족에게 전화한 사람이 네그리라고 증언하였다. 한 유명한 언어학자(그는 최근 교육장관이 되었다)도 전화통화에서의 목소리가 네그리의 것이라고 확인해 주었다.

1980년에 트라니(Trani) 감옥에서의 봉기(revolt)에도 참여했던 네그리는 1981년에 그곳의 죄수들과 함께 '90인의 증언'을 발표하였는데, 그것은 "무장투쟁은 끝났으며 앞으로도 무장투쟁을 추구하는 모든 사람을 적으로 생각할 것"이라는 선언이었다. '붉은 여단'은 네그리를 죽이겠다는 분위기의 반응을 보였고, 실제로 네그리를 죽이려고도 하였다. 네그리가 1997년 7월에 이탈리아로 돌아왔을 때 네그리는 자신을 죽이라고 명령받았던 사람과 같은 감방에 수감되기도 하였다. 20년이 지난 뒤에도 국가는 네그리를 '붉은 여단'과 연계시키고 있는 것이다.

네그리는 폭력은 국가에서 먼저 시작하였다고 주장한다. 국가폭력의 행사 앞에서 '붉은 여단'은 무장하지 않을 수 없었다며 동정론을 펴고 있는 것이다. 그럼에도 불구하고 국가가 자신에게 '붉은 여단'의 지도자라는 죄명을 붙인 것은 한 마디로 말도 안 된다고 주장한다. 붉은 여단 자체가 그런 수뇌를 가질 수 없으며 그것은 단지 상상 속에서만 가능한 일이라는 것이다.

감옥에서 '수인'으로서 네그리는 자유인의 새로운 자유의 공간을 밝혀주는 철학서인 『야만적 별종』[19]이란 스피노자 해석서를 썼다. 그는 이 책에서 스피노자를 지배 '권력'에 대항하여 '잠재력(potenza, 역능)'을 특권화한 사람으로 독해하였다. 스피노자는 역능[20] 개념에 기초하여 물질적인 생산과 정치적인 구성(constitution)의 개념을 결합시킴으로써 이원론적인 합리주의를 극복하고 욕망에 기초한 구성적인 존재론과 집단적인 창조성을 긍정하는 방향으로 나갈 수 있었다고 강조한다. 네그리는 스피노자의 그러한 해석 위에서 대중(multitude)[21]의 역능에 기초한 구성권력[22]으로의 이행, 즉 공산주의에 대한 새로운 전망을 제시한다. 그는 여기에서 홉스, 루소, 헤겔로 이어지는 정치론(계약론적 정치학)의 전통에 대비해 마키아벨리, 스피노자, 마르크스의 전통을 개관하면서 적대적인 정치론(공포와 희망의 정치학)의 흐름을 확인해준다. 또한 이러한 인식론에 기초하여 『속도기계: 새로운 문제들, 해방과 구성』(1982)을 쓰기도 하였는데, 이들 책에서 정리된 네그리의 사고는 1990

년대에도 계속된다.

　네그리는 신에 관한 문제도 스피노자처럼 범신론을 따라가며 풀어간다. 그는 신이라는 것을 막연히 추상적인 존재로 보지 않고, 인간이 하는 모든 것이 바로 신을 창조하는 것이라 여긴다. 즉, 새로운 존재를 창조하는 것은 결코 죽지 않을 어떤 것을 창조하는 것으로, 죽음을 몰아낸 영원성을 창조하는 인간의 활동을 긍정하는 것이다. 다시 말해 신성한 것은 우리를 벗어나 있지 않고 바로 우리의 움직임 속에 있다는 것이 그의 주장이다. 물론 네그리는 이렇게 해서 신에서 인간의 존재론, 존재론적인 유물론으로 되돌아온다.

　그렇다면 신비적인 것에 대한 믿음이 강한 이탈리아의 경향 속에서 네그리는 기도 따위를 하지 않았을까? 감옥에 있을 때 네그리는 자신의 청원이 이루어지기를, 그것이 거부될지도 모르는 두려움 속에서 기도하였다. 특히 낮에는 그럭저럭 지낼 수 있었지만 새벽 서너 시가 되면 잠에서 깨어 고통 속에 빠졌는데, 그때마다 네그리는 어머니를 생각하곤 했다고 한다. 네그리는 감옥에 들어갔을 때 어머니와 편지들을 교환하였는데, 그가 체포된 1979년부터 어머니는 그녀가 생을 달리한 1982년까지 감옥에 있는 네그리에게 매주 편지를 썼다고 한다.

망명과 귀환

망명

1983년 5월에 네그리에 대한 심문이 시작되었다. 그해 6월 25~26일에 있었던 이탈리아 총선에서 네그리는 급진당의 일원으로 의원에 옥중당선되었다. 네그리의 사면을 위해 급진당은 당이 일정 비율의 득표를 하면 당선되는 의원직의 후보로 그를 지명하였던 것이다. 법에 따라 의원에 대한 기소면제로 네그리는 1983년 7월 8일에 출옥하여, 늦여름에는 대중강연을 하기도 했다. 그러나 그가 의원자격이 있는지에 대한 격렬한 토론이 의회에서 벌어졌고, 9월 들어 논쟁이 자신에게 불리하게 전개되자 네그리는 프랑스로 망명하였다. 1984년 6월,

궐석재판을 통해 네그리에게는 30년형이 선고되었고 국제사면위(Amnesty International)는 그의 재판상황을 비판하였다.

네그리가 이탈리아를 떠난 것은 곧 자신의 패배를 인정한 것이었다. 그 상황에서 그는 신체적으로 그리고 지적으로 살아남기 위해서 떠나야 했기 때문이다.

1984년부터 네그리는 파리8대학에서 정치학 강의를 시작하였다. 펠릭스 가타리(Felix Guattari)와의 공동작업으로 『자유의 새로운 공간』(1985)[23]을 발간하였으며, 탈근대적인 조건 속에서 자신의 주장을 전개한 『전복의 정치학』(1989)[24](영어본)도 발간하였다. 『자유의 새로운 공간』은 68년 이후 새로운 '선언'을 지향하며 쓴 것으로 새로운 주체의 발생과 그들에 의한 자율적인 자유의 공간을 확장해 나가는 것을 공산주의로의 길로 선언하고 있다. 『전복의 정치학』에서 그는 아우토노미아에서 주장하는 새로운 주체문제, 소통(communication)을 기반으로 전체화를 향해 치닫는 20세기에 대한 분석, 공장에서 사회적인 공장으로 나아가 생태학적인 공장으로의 변화, 세계경제문제, 성숙한 자본주의에서의 착취문제, 주체의 적대적인 생산문제, 당 조직문제, 사회적인 실천에 대한 단상, 시민사회론 비판, 핵 국가 개념 등을 정리하였다. 한편 1987년 6월에 네그리와 그의 동료들은 국가권력에 대한 무장봉기에 대한 혐의에 대해서는 무죄선고를 받았다.

네그리는 파리8대학에서 정치학을 가르치면서, 『전미래 *Future Anterieur*』라는 잡지를 발간하고 여기에 글을 실었다. 그

곳에서 그는 자신의 주장을 테제식으로 정리하였으며,25) 「탈근대적 법률과 시민사회의 소멸」「구성권력의 역능」등의 글을 제자 마이클 하트(Michael Hardt)와 함께 썼다. 또한 들뢰즈, 가타리 등이 전개한 유목민적인 사유양식에 공감하면서, 새로운 사회의 구성가능성을 확정해나갔다. 1992년에는 마키아벨리, 스피노자의 사상을 아우르면서 대중의 구성적인 역능의 움직임을 분석한『구성권력론』을 썼는데, 이 때부터 네그리는 하트와 함께『제국 Empire』을 준비해 나갔다.

망명생활이란 아무래도 고통스러운 것이었다. 네그리는 14년 동안 신분증 없이 살았다. 프랑스는 네그리가 잘 아는 나라였고 사회당의 미테랑이 대통령이 되었지만 네그리가 망명했을 때에는 상대적으로 위기시기였다. 이미 미테랑 당선시의 도취감은 사라져 버렸고, 오히려 미테랑에 대한 환멸감이 느껴졌던 것이다. 프랑스로 망명한 일부 사람들과 친분을 유지하고는 있었으나 이 시기의 네그리는 이탈리아에 있는 친구들을 버렸다는 자책감으로 극도의 심각한 상황에 처해 있었다.

그래도 네그리는 프랑스에서 많은 친구들을 만들었다. 네그리의 가장 귀중한 친구로는 펠릭스 가타리(Félix Guattari)가 있었는데, 그가 네그리가 살 집을 구해주었기 때문에 오랫동안 네그리의 이름은 가타리였다. 네그리가 프랑스에서 살았던 첫 번째 아파트는 국제사면위(엠네스티)에서 제공한 것이었다.

네그리가 파리에 망명하여 제일 먼저 한 일은 아이를 키운 것이었다고 한다. 1984년에 막내딸이 태어났는데, 그것은 당시 네그리와 부인의 삶을 재확인시켜주는 것이었다. 처음 두 세 달 동안에는 아파트에 갇힌 채 아이를 키우는 것이 그가 유일하게 할 수 있는 일이었다. 물론 아파트 창문에서 날아가는 새를 보면서 자신의 창공을 그려나갔지만 말이다.

네그리가 프랑스에 있으면서 교류했던 집단들은 대체로 세 부류로 나눌 수 있다. 먼저 들뢰즈와 함께 대단한 친구들이었던 스피노자주의자 집단이 있었다. 알렉산드르 마트롱, 피에르-프랑쇼아 모로, 에티엔 발리바르 등이었다. 그리고 위기에 처한 마르크스주의자들이 있었다. 장 마리 벵상, 데니 버거, 뱅센느에서 생데니로 떠난 파리8대학 집단이 있었다. 세번째로 이탈리아에서 망명한 사람들이 있었다. 이들 대부분은 대학교수, 레스토랑 주인, 회사간부들이 되었다. 20년이 지났어도 150여 명의 이탈리아 망명객들은 오늘날에도 여전히 프랑스에 살고 있다.

네그리는 가타리보다 먼저 들뢰즈를 알았다. 들뢰즈는 밝은 성격의 소유자였고 교수이자 지식인이었다. 네그리는 들뢰즈와 많은 이야기를 나누었지만 자신이 침체되어 있다거나, 피곤하고 문제들을 갖고 있다는 것을 들뢰즈에게 말할 수는 없었다. 특히 자신을 위해서 무언가 해달라고 말하거나 이탈리아에서 일어나고 있는 일들에 대해 들뢰즈에게 설명하기는 어려웠다고 한다. 그러나 한편으로는 그와 스피노자에 대해 논의하면서 특이성(singularity) 개념의 중요성을 더욱 깨닫게 되고 스피노자를 역능의 구성이라는 측면에서 파악해야 할 필요를 강하게 느끼기도 했다.

반면 가타리와는 자신의 상황에 대해 얘기할 수 있었고, 같이 책도 쓰며 여러 실천활동도 하였다. 독일녹색당의 도움으로 네그리는 가타리와 프랑스에서 독일녹색당과 비슷한 조직을 만들려고 하였다. 독일녹색당원인 친구들의 도움으로 네그리와 가타리는 파리에서 개신교 교회의 후원 하에 프랑스극좌파 전체를 결집하는 모임을 조직하였다. 1984~1986년까지 지속된 이 모임의 목적은 적색과 녹색 사이의 동맹을 창출하는 것이었다. 그러나 트로츠키주의자들은 참여하지 않으려 하였고 미테랑이 만든 녹색당은 자율적인 정치조직이 아니었다. 비례대표제로 인해 극우파와 녹색당이 등장하기는 했지만 녹색당은 점차 다른 것으로 변질되어 갔다. 그래서 이러한 시도는 결실을 맺지 못했지만, 그 과정을 통해 네그리는 아랍이민 노동자들의 움직임에서 운동의 전진가능성을 엿보았다.

한편 이탈리아의 모든 언론은 네그리가 도망간 것을 배반이라 하며 격분하였다. 우파들은 네그리를 겁쟁이로 여기고 있었고 좌파들도 네그리를 진흙탕으로 끌고 다녔다. 네그리를 믿고 의원으로 선출하여 비상법에 대항해 싸우도록 했는데 그가 망명했다는 것이었다. 공산당은 네그리가 자신들의 위기의 상징이었기 때문에 그를 증오하였고, 극좌파는 승리할 수 있다는 비현실적인 입장을 여전히 견지하면서 패배를 인정하지 않아 네그리에게 상처를 주고 있었다.

1997년 마이클 하트와 『제국』의 집필을 끝내면서 네그리는 이탈리아로 돌아가는 것을 고려하였는데, 그때 개인적인 상처를 입었다. 동지로서 함께 살던 여성과 헤어졌던 것이다. 네그리는 이탈리아로 돌아가고 싶은 자신의 욕망이 너무 커서 헤어지게 되었다고 회상한다. 그녀는 프랑스에 남아 그 후 결혼하여 두 아이를 낳았다.

귀환

네그리는 1997년 여름에 '납의 시대(억압의 시대)'를 끝내고 운동으로 수배와 망명생활을 하고 있는 사람들의 문제를 해결하고자 이탈리아로 돌아갔다. 그에게 있어 '귀환'이란 신체적인 의미뿐만 아니라 정치적이고 지성적인 측면을 지닌 것이었다. 이탈리아로 돌아왔을 때 네그리는 시민권이 박탈당하고 공적인 활동을 할 수는 없었지만 그럼에도 불구하고 한 사람의 시민이라는 느낌을 갖게 되었다. 이러한 새로운 상황에서 네그리는 망명 덕분에 자신의 경험이 풍부해졌다고 생각하였다. 자신의 많은 동지들이 1970~1980년대의 파국적인 결과 이후 경험했던 실패감에 좌절하지 않고 있다는 것을 알게 되었고, 사람들과 세상을 변화시킬 수 있는 새로운 희망이 있다고 생각하였으며 또 다른 혁명적인 계기의 힘을 믿게 되었기 때문이었다.

그러나 네그리는 이탈리아로 돌아가자마자 상처를 입었다. 20년이나 지난 일이라 이탈리아로 돌아가는 것이 정치적으로 가능하리라고 기대하고 있었기 때문에 네그리는 자신의 생각을 파리에 있는 친구들뿐 아니라 이탈리아 정치인들과도 논의하였고, 그들 대부분은 돌아가는 것이 괜찮을 것이라고 동의하였다. 그러나 네그리가 이탈리아로 돌아왔을 때는 모든 일이 어긋나 있었다. 이탈리아에 도착하자마자 네그리는 자신의 개인적인 문제(감옥형)를 해결하기 위해 돌아왔다고 피소되었으며, 3년 반의 형기를 선고받았다. 네그리는 이 모든 것을 배신이라 여겼다. 네그리가 로마에 있는 레비비아(Rebibbia) 감옥에 수감되자 국제적인 사면운동이 전개되었는데, 1998년 9월부터는 야간에만 감옥에 있고 낮에는 집에서 제한된 활동을 할 수 있는 연금상태에서 살게 되었다.

결국 네그리의 귀환은 진정한 귀환이 아니라 망명지를 바꾼 것에 지나지 않았다. 진정한 귀환은 새로운 어떤 것을 건설하는 것, 삶을 새롭게 구성하는 것이었으나 모든 것은 변해 있었던 반면 네그리에 대한 공적인 이미지만은 70년대 말의 이미지 그대로였다.

그러나 이러한 이미지를 뚫고 새로운 계기를 마련해 간 사건이 있었다. 하나는 반세계화운동의 출발점이 되었던 시애틀 투쟁(1999년 11월)의 발발이었고 또 하나는 마이클 하트와 쓴 『제국』의 전 세계적인 성공이었다. 이 책은 현재에도 여러 나라 언어로 번역되어 다양한 쟁점의 논쟁을 불러일으키고 있다. 이처럼 친구들이 미소 짓고 적들이 두려워할 때 네그리는 정말 돌아왔다는 것을 실감하였다. 더욱이 2001년 6월, 제노아에서 폭발한 반세계화운동을 통해 네그리는 새로운 정치적인 주체들에 의한 새로운 투쟁과 새로운 구성과정을 확인하였다.

프랑스에서 낳은 딸은 이미 이탈리아로 돌아와서 어머니와 살고 있었다. 그녀는 네그리를 보러 프랑스에도 오곤 했었고 네그리가 감옥에 있는 동안 정기적으로 로마에 왔다.

2001년 6월, 가택연금으로 수형방식이 완화되었다가 2003년 4월 25일, 가택연금 역시 해제되어 네그리는 자유의 몸이 되었다. 최근에는 중국도 방문하였고, 여러 곳에서 강연 등을 하기도 한다.

『제국』 2권에 해당하는 『대중』26)에서는 권력, 새로운 조직형태 등 일련의 새로운 범주들을 다루는데, 이 저서에서 네그리는 주체성을 축소하고 언어와 신체를 지배하는 상이한 도구들을 검토할 필요성을 언급하고 있다. 그리고 특히 전쟁, 계급전쟁의 의미, 민족 간의 전쟁의 의미, 전쟁모델들이 어떻게 구성되는지, 오늘날 제국에 전형적인 전쟁유형은 어떤 것인지 등을 다루고 있다. 『제국』이 지배권력을 분석하는 책이었다면 『대중』은 전복적 주체세력에 대한 분석이라 할 것이다.

다분히 자의적이기는 하나 네그리의 학문적인 편력을 시기적으로 구분한다면 1970년대 초반, 1980년대 초반을 기점으로 나눌 수 있겠다. 초기(1956~1972)는 주로 법철학과 철학에 관한 연구작업을 하고 점차 자신의 아우토노미아 사상을 운동 속에서 형성해나가기 시작하던 시기라고 볼 수 있다. 중기(1973~

1979)는 아우토노미아 운동을 이론적, 조직적으로 주도하면서 아우토노미아 사상을 확립해가는 시기로서 이 시기의 네그리는 조직론적인 텍스트들을 많이 만들어 냈다. 후기(1980~현재)는 프랑스철학과 접하고 그런 인식기반 위에서 포스트포드주의적인 변화를 흡수해나가면서 새로운 주체의 등장과 새로운 사회의 구성을 향한 모색을 하고 있는 시기라고 할 수 있겠다. 이 시기에는 다시 초기의 철학적인 인식을 더욱 확장하면서 현실분석과 결합시켜 나가고 있다.

덧붙여 네그리의 이름과 관련하여 잠깐 언급해 둘 것이 있다. 네그리는 스스로 자신의 이름을 대상이자 보통명사로서 토니(Toni Negri)와 철학적인 저자로서 안토니오(Antonio Negri)로 종종 구분하려고 했다고 한다. 1960년에서 1979년 체포될 때까지 네그리는 이러한 구분에 집착하였다. '전문적인' 철학적인 저서들은 안토니오 네그리란 이름으로 나왔고 나머지 정치적인 저서들은 토니 네그리라는 이름으로 나왔다. 하지만 1979년에 네그리가 체포되자 이러한 구분은 유지하기 어려워졌다고 한다. 저녁 8시 텔레비전 뉴스에 매일 네그리의 사진이 범죄자 유형으로 처리되어 몇 달이나 계속 방송되었기 때문이다. 1997년에 네그리가 이탈리아로 돌아왔을 때에도 여전히 그런 일이 반복되고 있었다. 대학에서는 네그리는 안토니오였지만 모든 사람이 토니라고 불렀다. 감옥에 있을 때 남부에서 온 마피아가 네그리를 안토니오라고 불렀다 하는데, 마피아들에게는 아마 안토니오라고 부르는 것이 예의와 존경을

표시하는 방법이었을 것이라고 네그리는 말한다. 어쨌든 그 후에도 잡지나 정치적인 저서(예를 들어 가타리와 함께 쓴 『자유의 새로운 공간』)에는 여전히 토니 네그리라는 이름을 쓰고 있었다. 네그리는 자신을 토니라고 생각한다고 말한다. 더 이상 철학적인 네그리와 정치적인 네그리가 구분될 수 없듯이 말이다.

아우토노미아 이론

    네그리의 아우토노미아 이론은 아우토노미아 사상에 기반해 있다. 아우토노미아 사상은 마르크스주의에 기반을 두면서도 마르크스주의를 혁신하려고 한다. 즉, 아우토노미아 사상은 생산대중의 힘을 역사의 원동력이라고 파악하는 마르크스주의의 사상을 이어받는다. 그러나 전통적인 마르크스주의는 '생산'대중에서 배제되어온 다양한 층들을 포괄해 나가지 못함으로써 현대사회가 지닌 모순들을 파악하고 극복하는 데 한계가 있었다고 네그리는 생각한다. 따라서 그의 아우토노미아 사상은 '다양한' 노동에 종사하는 대중들을 포괄해 나가려는 이론적 주장이자 운동이다.

    아우토노미아 사상은 지배권력에 대해서 독자성과 자율성

을 강조하면서 아래로부터의 사회구성원리를 강조한다. 기존의 마르크스주의도 이러한 대중의 관점을 견지하고 있었지만, 문제는 그 아래가 다시 중심화되고 권력화되는 것이었다. 노동자계급 안에서 순수한 주체를 뽑아내려다가 여타 다양한 주변층들을 배제하게 된 것이다. 여기서 네그리는 노동자계급 안의 주변성에 착안하는 것이 노동자계급의 자율성을 확보하는 데 중요한 고리가 된다는 인식에 이르게 되었다.

이 주변성을 담아내면서 노동자계급 전체의 자율성을 증대시키려는 것이 아우토노미아 사상, 아우토노미아 운동의 출발이었다. 예를 들어 현재의 한국의 상황에 비추어 말하자면, 노조운동 안에서 여성이나 비정규직을 배제해 나가면 결국은 노조가 자본(사용자)과의 싸움에서 힘을 잃게 되고 자신의 자율성을 확보해 나갈 수가 없다. 내부의 주변성을 포괄해 나가면서 외부와 횡단적으로 연결될 수 있을 때 자율성은 더욱 확보되기 때문이다.

아우토노미아 사상에 기반한 아우토노미아 이론은 정치경제학, 국가론, 주체론, 당론, 운동론 등으로 다양하게 전개되어 왔다. 네그리도 초기에는 주로 정치사상을 연구하면서 지배형식(틀)으로서의 국가분석에 집중하였다. 그는 1970년대의 아우토노미아 운동에 자극받으면서 점차 사회구성의 주체에 대한 관심을 갖게 되었으며, 무엇보다도 정치경제학 비판을 통해서 이를 수행하게 된다.

마르크스주의의 현실비판은 뭐니뭐니해도 정치경제학 비판

이라고 할 수 있다. 물론 전반적인 정치경제학은 마르크스가 생각했던 정치경제학 비판, 즉 현실비판을 포기하는 경향을 보이고 있지만 말이다. 마르크스레닌주의의 정치경제학은 주로 마르크스의 『자본』을 중심으로 하여 자본의 동학을 분석하면서 자본주의 발전단계론을 전개하는 방향으로 나아갔다.[27) 여기에서는 자본주의를 논의할 때에 항상 자본을 중심에 놓고 자본의 동학을 전체 사회의 동학으로 설정한다. 따라서 위기나 이행 등은 항상 자본주의의 발전에 따른 부수물로 인식된다.

이처럼 자본주의를 자본의 동학에만 기초하여 파악하려는 자본의 정치경제학에 대해 네그리는 노동의 정치경제학을 대립시킨다. 즉, 노동의 구성을 통해 자본주의가 움직여 갈 수 있다는 것으로, 이것은 자본이 아니라 노동에 주도권을 부여하는 것이다.

네그리의 정치경제학비판: 노동과 자본

네그리는 흔히 정치경제학자들이 강조하는 『자본』보다 『요강』을 강조한다. 네그리에 따르면 『요강』에는 『자본』과 달리 두 계급의 투쟁 속에서 경향적으로 전개되는 자본주의발전에 대한 상이 들어 있다고 한다. 더욱이 네그리는 마르크스가 자본주의사회의 역사적인 발전이 어떻게 체제를 위기에 몰아넣고 그것을 파괴할 수 있는 힘을 발전시키는 주체, 즉 적대적인 주체로서 노동자계급의 발전을 포함하고 있는지를 분명히 인식한다고 지적한다. 더 나아가 네그리는 『요강』이 특히 1857~1858년의 위기(공황) 속에서 주체의 문제를 제기한다는 점에서 그 중요성을 강조한다. 다시 말해,『요강』속에서 적대는 임금 개념에서 노동자계급 개념으로 돌아오고, 노동자계급 개념은 항상 자본에게는 위기와 대파멸의 개념이라는 것이다. 이처럼 『자본』에서는 찾을 수 없는 노동자계급 및 혁명적인 주체 개념과 밀접하게 연결되어 있는 임금 개념을『요강』속에서 볼 수 있다는 것을 네그리는 지적한다. 이처럼 네그리는 『요강』을 독해함으로써 기존의 정치경제학에서 소홀히 했던 주체문제[28]를 정치경제학 비판의 중심적인 문제로 가져온다.

자본의 정치경제학: 이윤론

네그리의 자본분석은 기존의 마르크스주의적인 논의를 일신한다. 기존의 정치경제학은 자본의 생산과정을 강조하고 가치는 바로 이 생산에서 나온다고 강조한다. 물론 네그리도 이것 자체를 부정하지는 않는다. 다만, 자본은 공장단위에서 하나의 생산자본으로 이루어지는 것이 아니라 유통을 통과하여 사회적인 자본으로 사회를 지배하는 권력을 강화해 간다는 것이 그의 주장이다. 따라서 상대적으로 유통을 강조하고 유통을 통한 사회화를 강조하는 이론을 전개하게 된다.

이러한 관점에서 네그리는『요강』의 독해를 통해, 『자본』에서처럼 상품에서 시작하는 가치론이 아니라 화폐에서 시작하는 가치론을 강조하고, 가치론보다는 잉여가치론을 우선시하며, 잉여가치론의 사회화로서의 이윤론을 파악한다. 이러한 과정에서 나타나는 사회적인 자본은 세계시장 속에서 가장 확장된 모습을 보인다는 것이다.

가치론과 관련하여 네그리는 특히, 마르크스의 생산적인 노동 개념은 상당히 환원적인 규정이며 자본가적인 개념인 반면, 노동자적인 개념으로서의 생산적인 노동 개념은 필요노동이라고 주장한다. 여기서 노동은 교환형태, 화폐형태를 띠는 경우에만 자본으로 변형될 수 있으며, 자본은 노동자에게는 사용가치인 것을 교환가치로 환원시키려고 한다. 노동과 자본의 교환이 지니는 차이에서 나타나는 이러한 적대는 노동과 자본이 자율적이고 독립적인 실체로서 자신들의 생산적인 종합을 구성하는 교환의 계기에서만 현존한다는 것을 의미한다. 여기에서 적대의 내용은 사용가치 대 교환가치의 적대, 주체적인 노동 대 대상화된 노동의 적대이다. 그 내용을 볼 때 교환가치를 추구하는 자본은 동질화를 지향하고 양화를 추구하는 권력(pouvoir)으로 나타나고, 사용가치를 추구하는 노동은 다양성(이질화)을 추구하는 역능(puissance)으로 나타난다.

이처럼 잉여가치론 속에서 네그리는 적대의 계기를 강조하고 노동자계급의 역동성을 강조한다. 기존의 정치경제학에서 잉여가치는 잉여노동시간의 연장(절대적인 잉여가치 생산)을 통해 고정자본의 거대화(기술진보)가 이루어지고 그 속에서 점차로 필요노동시간이 줄어드는데, 이를 통해 잉여노동시간이 상대적으로 확장(상대적 잉여가치 생산)된다는 것을 말한다. 이렇듯 대립의 계기는 감추어지고 자본의 힘만이 관철되는 식으로 설명되어 왔던 것이다.

　그런데 주체들의 적대를 극단적으로 강조하게 되면 가치법칙은 잉여가치법칙의 형태를 취하기 시작한다. 즉, 잉여가치론은 결과적으로 직접적으로 착취이론이 되는 것이다. 지배 및 압박이라는 정치적인 과정으로 인해 사회에 대한 전반적인 지배로서의 착취만이 가치와 잉여가치를 규정하고, 따라서 가치법칙이 잉여가치법칙에 종속되며 착취 없는 가치는 없다. 이러한 관점에서 보면 공산주의는 가치법칙, 가치 그 자체, 그 것의 자본주의적인 또는 사회주의적인 변이형태(착취)의 파괴이자 산노동의 해방이라는 것이 네그리의 주장이다. 이러한 주장은 가치법칙의 관철을 정치경제학 원론으로 생각하는 기존의 정치경제학(및 자본주의사회에서의 공산당들)에 대한 비판이자 가치법칙을 변형하여 관철시킨 현실사회주의에 대한 비판이기도 하다.

　나아가 네그리는 마르크스의 이윤론을 새롭게 재해석한다. 생산의 범주인 잉여가치가 유통을 통해 사회적인 범주인 이윤이 되며, 잉여가치의 이윤으로서의 이러한 사회화는 잉여가치의 모순을 사회적으로 확장하는 과정이기도 하다. 이제 자본은 생산 내부에서의 특수한 착취일 뿐만 아니라 산노동의 힘만이 만들어낼 수 있는 사회적인 차원들을 스스로 무상으로 획득한다. 잉여가치의 사회화는 잉여가치의 확장 및 강화, 즉 착취의 확장과 강화이며 사회적인 잉여가치, 즉 사회적인 자본의 잉여가치는 현재와 미래의 사회적인 노동에 대한 자본가적인 지배가 된다.

잉여가치의 사회적인 확장 속에 포함되어 있는 착취의 새로운 특질은 총체적인 사회적 노동, 즉 다수 대중의 협동 속에서 풍부해지는 노동뿐만 아니라 자본의 가치를 보존하는 노동, 인구의 단순증가에서 비롯하는 노동, 사회의 과학적인 잠재력에 뒤따르는 노동에 의해 무상으로 만들어진다. 이윤은 사회적인 생산력의 무상이용으로 만들어진 전 지구적인 잉여가치의 사회적인 표현이다. 따라서 잉여가치에서 이윤으로의 확장은 사회적인 자본의 사회적인 착취라는 경향의 격화를 나타낸다고 한다.

이러한 이윤론은 기존의 이윤론을 혁신한다. 균등화와 평균화를 통한 『자본』식의 회계도식으로 그려진 이윤론은 이미 생산과정에서 결정된 잉여가치가 단지 사회적으로 유통(실현)되어 자본에게 돌아가는 것으로만 설정된다. 그러나 네그리의 이윤론에서 이윤은 더 이상 생산에서의 잉여가치에 대한 착취에만 머무는 것이 아니라 다양한 사회적인 수탈을 감행하고, 이것은 공장에서만이 아니라 사회에서, 더 나아가 세계자본주의 속에서도 이루어진다. 이처럼 네그리는 유통을 강조함으로써 생산에 집착했던 정치경제학이 갖는 편협성을 공격할 뿐만 아니라 착취의 확산을 강조하게 되고, 다른 한편으로는 그에 따른 노동자주체성의 새로운 공간을 인식할 수 있게 해준다.

주체성의 관점에서 보면 이윤범주는 자본에 의한 노동의 형식적인 포섭에서 실질적인 포섭으로의 이행, 자본에 의한 사회의 실질적인 포섭으로의 이행이라는 경향 속에서 구체화되는 범주이다. 따라서 이윤론은 자본이 사회를 지배해나가는 이론, 즉 자본의 주체성론이라고 할 수 있다.

주체성론에 이른 이윤론에서 네그리는 위기론으로 넘어간다. 위기의 근본법칙은 필요노동과 잉여노동 간의 모순적인 전개관계, 즉 잉여가치법칙의 작동 속에 있다. 잉여노동에 대립하는 필요노동, 즉 가치증식에 한계를 구성하는 필요노동의 고정성이 여기에 존재한다. 여기서 위기를 파악하기 위해서는 발본적인 분리, 다시 말해 자본의 발전으로부터 노동자계급의 자율성을 읽어내야 한다고 한다. 즉, 위기는 노동자계급의 독자성, 자율성이 자본에게 가한 압박에 의해 나타난다는 것이다.

이상과 같은 네그리의 자본의 정치경제학은 자본개념의 재정립을 요구한다. 그는 생산에 중심을 둔 자본을 생산과 재생산을 고려하는 자본 개념으로 확장하고 더 나아가서는 세계시장이라는 문제를 포괄하는 자본 개념을 요구한다. 더욱이 잉여가치와 자본의 사회화와 병행하여 노동자계급의 실천의 장도 확장되어감을 네그리는 강조한다. 여기서 자본전개의 대립적인 형태는 분리논리의 폭발에 따라 새로운 서술로 나타나며, 사회적인 자본의 규정으로 나갔던 과정은 전도되어 노동자주체론, 즉 임금론으로 나타난다.

노동의 정치경제학 : 임금론

마르크스는 초기 저작들에서 자본주의 하에서의 임금은 전반적으로 하락한다고 주장하였다. 이처럼 자본의 축적, 산노동의 기계로의 대체, 노동생산성의 증대 등은 한편으로는 명목임금을 저하시키지만, 다른 한편으로는 새로운 욕구를 창조하여 그것을 점점 더 널리 보급시킬 뿐만 아니라 새로운 산업부문을 창조하는 경향이 있다.

지금까지의 임금론은 저하경향에 초점을 맞추어 왔다. 이런 논의 속에서는 궁핍화 테제가 제기되고, 절대적인 궁핍화인가 상대적인 궁핍화인가라는 인식을 넘어서려는 노력 속에서 일부 논자들은 노동력 재생산비용의 증가와 임금의 상대적인 감소를 관련시키면서 궁핍화테제의 정당성을 주장하기도 하였다.

그렇지만 이런 논의들은 여전히 자본 중심적인 논리 속에서 이루어져 왔다. 자본과의 관계 속에서 임금으로 표현되는 필요노동의 양에 대해 마르크스는 그것이 역사·문화적으로 결정된다고 설명하지만, 정치경제학 논의에서는 그것을 항상 부차적인 것으로 취급해왔다. 그리고 마르크스도『자본』속에서 노동일의 투쟁에 관한 부분에서는 임금을 계급투쟁 속에서 설명하면서 상세한 역사적인 분석으로서 제시하고 있지만, 자본의 동학에 관한 설명 틀 속에서는 임금을 상수(constant variable)로 처리하고 있다.

네그리는 이러한 흐름에 대해 강력하게 반발한다. 그의 분리의 논리가 가장 강력하게 관철되는 곳은 바로 임금론으로, 그는 임금을 단순히 자본과의 관계 속에서만 규정하지 않고 오히려 노동과의 관계 속에서 규정하려고 한다.[29] 자본의 주체성론이 이윤론이라면 노동자의 주체성론은 임금론이라고 본 것이다.

마르크스에게서 임금론이 없는 이유는 그가 임금론이 자본 분석에 종속되는 요소로 생각하기 때문이라고 보는 것에는 문제가 있다. 왜냐하면 모든 요소들은 자본의 법칙이 아니라 계급투쟁의 법칙에 종속되어 있기 때문이다. 이런 관점에서 네그리는 전체적인 자본이론은 오직 임금론을 통해 발전하고 그 기초를 형성할 수밖에 없기 때문에 '임금에 관한 책'이 빠진 '자본에 관한 책', 즉 『자본』은 일면적인 자본의 정치경제학이라고 파악한다. 자본이론은 끊임없이 임금론에 의거하며 그것을 포함해야 하고, 완전한 자본이론을 위해서도 노동의 정치경제학이 필요하다는 것이다.[30]

네그리는 임금과 관련하여 『요강』의 「소규모유통」에 관한 장에 주목한다. 여기서 그는 주체성의 관점에서 자본의 독해를 반전시킬 수 있는 가능성에 대한 사례를 발견하기 때문이다. 흔히 자본이 생산과정에서부터 다시 생산과정으로 들어갈 때까지의 전 기간을 포괄하는 '대규모유통'에 대비하여, 자본 가운데 임금으로 지불되어 노동능력과 교환되는 부분으로 정의되는 '소규모유통'은 필요노동의 가치가 재생산되고 결정되는 영역이다.

이러한 '소규모유통' 속에서 네그리는 필요노동(임금)이 생산물과 접촉하여 사용가치로 변형되므로 소규모유통은 필요노동과 관련된 욕구의 영역이 발전하는 공간이라고 본다. 이런 인식에서 네그리는 산노동의 특징을 통해 임금을 강조한다. 산노동의 역능, 즉 임금과 필요노동의 양은 자본주의발전의 기초일 뿐만 아니라 일반적으로 자본주의의 근본법칙들을 결정한다는 것이다. 노동은 추상화되고 사회화되면 될수록 욕구의 영역을 더욱 확장하고 새로운 욕구를 창출하며, 자본으로 하여금 그것들을 충족하도록 강제한다. 임금은 이런 욕구들을 기초로 형성되고 필요노동과 그것이 지닌 창조성은 임금형태 속에 감춰져 있으며, 더 나아가 임금 속에 표현되어 있는 필요노동만이 자본주의적인 가치증식에 대립할 수 있다고 네그리는 주장한다.

네그리의 이러한 해석은 자본과 임금노동이 지닌 적대적인 측면, 나아가 노동자계급의 주체성을 확인하고자 한다. 이러한 확인은 『요강』의 「기계에 관한 단상」에 대한 독해에서 더욱 진전된다.

이 부분은 이행과 관련하여 네그리가 가장 주목하는 지점이기도 하다. 네그리에 따르면 「기계에 관한 단상」에서는 적대가 노동자계급주체성의 형태를 띠는 지점까지 발전하여 전복으로 발전한다고 한다. 자동기계체계의 발전으로 필요노동이 '0'이 되는 상황을 가정하면서, 그렇게 되면 직접적인 노동 및 그 양은 생산의 결정적인 원리로서 소멸한다고 마르크스는 언급한다. 이와 관련하여 네그리는 가치론이 자신을 노동시간의 양 혹은 노동의 개별적인 차원으로 측정할 수 없을 때, 착

취의 측정불가능성은 착취형태를 수정한다고 한다. 가치형태
는 순수하고 단순한 지배형태이자 정치형태이기 때문이다. 자
동화의 진전에 따라 노동은 오히려 기계에서 벗어나 기계를
새롭게 전유하면서 자신의 삶을 변형시켜 갈 수 있다. 다시 말
해 스스로도 노동에서 벗어나 비노동으로 나아갈 수 있다는
것이다 여기서 네그리는 자유로운 시간, 가처분 시간을 생각
한다. 자동기계체계의 진전과 더불어 오히려 산노동의 역능에
기초한 이행의 근거들을 찾아낼 수 있다는 것이다. 이런 인식
에서 이제 임금론은 노동자계급의 자기가치증식에 관한 이론
으로 전화한다.

그래서 네그리는 마르크스가 쓰지 못한 「임금에 관한 장」
은 노동자계급의 욕구, 즐거움, 투쟁 그리고 필요노동의 수준
에 관한 장, 즉 비자본, 그러므로 비노동에 관한 장이었을 것
이라 한다. 결국 네그리는 임금론을 분리의 논리 속에서 고찰
하면서 주체성, 노동자계급 및 프롤레타리아적인 발전에 주목
하여, 자본의 가치증식에 대한 사보타지(노동거부)를 통해 노
동자계급의 자기가치증식으로 나아갈 수 있는 기반이라고 생
각한 것이다.

이상의 정치경제학비판 속에서 제기한 문제제기를 기반으
로 네그리는 자본주의의 발전을 시기구분하면서 현대 자본주
의의 성격을 분석하고, 새로운 주체성에 대해 더욱 구체적으
로 접근하려고 한다.

네그리는 특히 1960년대 이후의 현대 자본주의가 공장의

경계를 뛰어넘어 확장되는 '사회적 공장'에서 노동하는 '사회적 노동자들'의 착취에 집중된다고 한다. 현대의 자본주의는 또한 사회의 컴퓨터화를 통해, 특히 소통의 생산적인 사용과 외부(공장)에서 사회 내부(소통)로의 통제프로그램의 이전을 포함한다. 그리하여 사회, 즉 마르크스의 용어로 '재생산과 유통'을 생산 속에 통합하는 특징을 보인다. 그리고 착취의 다종다양한 층들, 구성들, 수준들의 혼합에 상관적으로 나타나는 새로운 국가형태(위기국가)는 생산적인 사회 전체에 대한 차별화된 통제를 통해 어떤 시간·공간에서든지 위기들을 생산하는 유기적인 능력 및 필요성을 만들어 간다고 말한다. 네그리에 의하면 자본은 국가의 경계를 넘어 착취체계를 전 세계에 확산하고, 이 수준에서 모든 착취형태의 통합과정을 찾아 볼 수 있다. 이는 다국적화 과정, 테일러리즘과 포디즘, 세계적인 수준에서 기능하도록 만들어진 위계적인 체계, 세계 금융통합을 지속적으로 추진하는 국면으로 나타난다. 이제 국가별자본주의가 아니라 '통합된 세계자본주의'(가타리가 쓴 개념임)가 주도권을 갖게 되는데(나중에는 '제국'이라고 말한다), 이러한 사회적인 노동자의 노동은 비물질적인 성격을 강화해 간다는 것이다. 이렇듯 전반적으로 네그리의 정치경제학 비판은 자본의 동학을 밝히기보다는 노동을 중심에 둔 상태에서 자본과 노동의 동학을 밝히고 나아가 혁명적 주체성의 확인과 새로운 구성을 지향한다.

네그리에 따르면, 새로운 구성으로 제시되는 공산주의란 자본의 범주들 속에서 전도된 형태로 즉각적으로 주어져 있기는 하나 그 전도 자체로 이루어지지는 않는다. 공산주의의 미래는 오로지 건설될 수 있을 뿐이며, 자본주의의 논리적 전개의 결과물도, 목적론도 아니며 오히려 자본의 파괴와 현실의 변혁에 의한 새로운 주체의 형성 그 자체라고 한다.

분리의 논리에 입각한 노동거부[31]는 이 주체, 그 주체의 완전한 자율성이 지닌 자유로운 운동의 다양성을 해방한다. 더욱이 이러한 다양성과 잠재력은 이미 자본주의에 내장되어 있다는 것이다. 공산주의의 구체화(물질화)는 자본가치가 부과하는 한계를 넘어서 산노동이 지닌 사용가치의 발전으로 이루어질 것이다. 즉, 공산주의로의 이행은 자율적인 주체가 구체적(물질적)으로 자기를 구성하는 것이다.[32] 이러한 구성의 문제는 비물질적 노동을 특징으로 하는 사회적 노동자라는 주체의 등장으로 진행중인 문제가 되었다고 한다.

이러한 관점에서 네그리는 (가타리와 함께) 공산주의를 새롭게 규정한다. 이들은 공산주의를 '모든 차원에 걸친 의식과 현실 - 정치적인 것과 사회적인 것, 역사적인 것과 일상적인 것, 의식적인 것과 무의식적인 것 - 의 변형으로 나아가게 하는 다양한 실천들의 접합'[33]으로 규정한다. 그는 이제 자유를, 특이하고(singular) 집단적인 풍부한 상상에서 연원한 창조적 과정들로 강조한다.

이러한 창조적 과정들을 분자적으로(moléculaire) 확장시켜 가는 것이 네그리의 전략이다. 즉, 새로운 혁명적 주체성의 구성을 통해서, 개별적이고 집단적인 활동을 확장하고 이러한 분자적 활동의 연결망(réseau)을 통해서 말이다. 그는 구성권력의 관점에서 당 문제를 파악할 것을 주장하면서 '당' 문제에서 '구성권력의 역능'이라는 문제로 진전해간다.[34] 네그리는 국민을 통치하는 자본주의 국가권력이나 인민대중(people)을 지배하는 당이 아닌, 대중(multitude)의 솟아나는 역능에 근거한 권력의 구성을 향해 나아가려고 한다. 물론 그 방식은 아우토노미아를 통해서일 것이다.

제국론

네그리는 정치경제학 비판에 근거하면서도 ①소비에트 체계에 대한 비판으로부터 출발한 노동 운동과 공산주의 운동 내부에서 혁신된 비판적 마르크스주의(르포르, 카스토리아디스), ②무엇보다도 인도와 미국 등 제국주의로부터 해방되던 나라들에서 발전되었고 탈식민주의(post-colonial) 이론에서 최종적인 형상을 찾은 반식민주의 사상, ③해방사상의 발전에 존재론적인 도식과 명제를 제공한 프랑스의 탈구조주의 철학(푸코, 들뢰즈, 가타리), ④포드주의에서 포스트포드주의로의 이행, 즉 제3차 산업혁명을 추적했던 노동 사회학과 산업 사회학 등을 종합하려고 한다. 즉, 1960년대 이래 전복적인 운동들의 사유 안에 있던 이론적인 단서들을 폭넓게 수렴하려 했다. 그 결과가 2000년에 하트와 함께 쓴 『제국』일 것이다.

최근 네그리는 마이클 하트와 쓴『제국』으로 마르크스주의 논의에서뿐 아니라 사회과학 일반에서 가장 많은 쟁점을 불러일으키고 있다. 『제국』은 네그리의 말대로 마르크스의『자본론』과 들뢰즈와 가타리의『천 개의 고원』을 모델로 삼아 현재의 제국주의(세계 지배 상황)를 분석한 것이다. 네그리가 이 책을 통해 기여하고 싶은 것은 전반적인 이론적 틀과 제국을 이론화하기 위한, 그리고 제국 안에서 제국에 대항하여 활동하기 위한 개념들의 도구상자를 제시하는 것이라고 한다.

『제국』은 한편으로는 마르크스의『자본』에 입각해 있다는 점에서 마르크스주의적인 설명들을 많이 계승하고 있다. 탈근대주의(포스트모더니즘)가 문화 쪽으로 기울고 사회 변화에서 생산의 중요성을 과소평가해 온 점들에 대해 비판하면서 생산의 새로운 변화를 강조하는 점에서 특히 그러하다.

제국주의에 대한 마르크스주의적인 설명 및 비판은 커다란 흐름을 형성해왔다. 네그리는 마르크스의 제국주의적인 경향에 대한 단편적인 서술들에 이어 레닌의 독점자본주의의 반동화 테제(소수의 독점자본이 다수 인민을 지배하기 때문에 그 독점자본의 권력인 독점자본주의는 반동화될 수밖에 없다는 주장)에 입각한 제국주의 설명, 그 후 힐퍼딩이나 로자 룩셈부르크의 제국주의에 대한 설명들을 비판적으로 전유한다.

다른 한편으로 네그리는 탈근대 사상의 흐름을 뚫고 나아가 반근대적인(근대를 넘어서려는) 문제설정을 공유해 나간다. 그는 마키아벨리, 니체, 스피노자 등에 근거하여 근대적인 문제설정의 한계들을 비판하고 차이와 다양성을 긍정하는 탈근대적인 문제설정을 흡수해 나간다. 그러나 탈근대적인 문제설정을 차이와 해체로서만 받아들이거나 권력처럼 차이를 통합하거나 코드화하려는 것이 아니라, 차이들을 통해 표준화되지 않은 구성(새로운 사회)을 구축해 나가려고 한다.

이렇게 볼 때, 『제국』은 그간 경직된 마르크스주의적인 분석들에 대한 반작용으로 문화 및 상부구조 설명에 치우쳐 온 탈근대주의를 비판하고 넘어서려는 함의를 지닌다. 근대의 이성 중심성을 비판하고 해체를 지향하였던 탈근대주의의 흐름은 대중에 대한 관심, 특히 사회의 주변으로 밀려나는 대중의 양상에 대해 별로 관심을 갖지 않았다.

또한 『제국』은 그간 다양하게 제기되어 온 제국주의에 대한 상을 정리해주는 의미를 지닌다. 국민 국가의 경계를 강조하던 그간의 제국주의 상을 해체하고 특히 세계체제론적인 관점에 대해서도 비판을 가함과 동시에 로자 룩셈부르크의 문제의식을 확대하면서 세계시장의 보스로서 제국의 등장에 초섬을 맞추어 나간다. 특히 제국은 탈근대적인 양상들을 포섭하면서 새로운 지배의 양상을 보여준다는 점을 강조한다.

네그리는 국민국가에 기반한 근대적 주권이 네트워크 권력에 기반한 제국적인 주권으로 변형되어 간다고 주장하고, 이러한 이행에서 탈근대화의 생산적인 내용으로서의 생산의 정보화에 주목한다. 제국주의에서 제국으로의 변형 과정에서 권력의 문제, 즉 주권의 변형만을 생각하는 것이 아니라 바로 그

주권이 유지되는 지형으로서의 생산의 영역으로 하강하는 것이다. 더욱이 네그리는 생산을 객관적인 경제적 영역의 생산으로 좁히는 것이 아니라 주체성의 생산이라는 측면을 강조한다. 이러한 네그리의 사고의 밑바탕에는 자본주의의 발전을 추동하는 것이 대중의 저항이라는 인식이 깔려 있는데, 그는 푸코와 들뢰즈, 가타리의 생각을 받아들여 생체 정치적인 생산으로의 이행과 차이를 용인하면서 통합을 해나가려는 제국적인 권력의 새로운 양상을, 그리고 기존의 훈육통치에서 통제사회로의 이행을 강조한다.

네그리는 마르크스의 독점자본에 대한 단상들, 레닌의 제국주의론을 확장시켜 현대세계의 지배권력, 즉 제국에 대한 분석을 시도한다. 물론 그간의 다양한 탈근대적인 흐름들을 비판·종합하기도 하면서 말이다. 즉, 네그리는 '제국주의에서 제국으로의 이행'이라는 테제로 전지구화(세계화) 논의를 정리하고 대중의 역능에 기초한 저항운동을 제기한다.

제국의 양상

제국적 주권

제국적 세계에서 달라지는 것은 경계[국경]와 외부가 더 이상 존재하지 않는다는 것이다. 내부와 외부의 구별은 점차 약화되고 공적인 것과 사적인 것의 구분이 모호해지며, 자유주의 정치의 장소를 제공하였던 근대사회의 공공공간은 사라져 간다. 제국사회에서 스펙터클은 가상적인 장소 혹은 더욱 정확하게는 정치의 무-장소(non-place)이다. 스펙터클은 어떠한 내부나 외부도 구분할 수 없는 식으로 통일되어 있으면서 동시에 분산적이다. 군사적인 의미에서도 더 이상 외부는 없다. 제국주의 전쟁, 제국주의 사이의 전쟁 그리고 반제국주의 전쟁이라는 역사는 끝났다. 이제는 제국 내부의 국부적(minor)이고 내적인 갈등의 시대에 진입한 것이다. 모든 제국적인 전쟁은 시민전쟁, 즉 내전이다.

이와는 달리 제국 안에서의 위계와 차별은 미분적으로(정밀하게) 강화된다. 제국적 인종주의는 인종들의 본질적이고 생물학적인 차이에 집중했던 근대의 인종주의 이론과는 달리, 미분적(differentialist) 인종주의, 즉 인종 없는 인종주의 혹은 생물학적 인종 개념에 의존하지 않는 인종주의로 변모한다. 제국은 인종적인 차이를 본성의 차이가 아니라 정도의 차이로, 필연적인 것이 아니라 우연적인 것으로 설정한다. 하지만 복종은 더욱 이동적이고 유연한 일상적인 체제 속에, 그럼에도 불구하고 안정적이고 잔인한 인종적인 위계를 창조하는 일상적인 실행체제 속에서 규정된다. 제국의 지배는 끊임없이 팽창하는 자신의 영역 안에서 이처럼 차이의 놀이와 미시-갈등성의 관리에 의거하게 되는 것이다.

그리하여 제국에서의 명령장치는 관대하고 자유주의적인 얼굴을 가지고 그 안에 수용된 차이들을 긍정한다. 제국은 분할을 창조하는 것이 아니라 오히려 현존하는 혹은 잠재적인 차이를 인정하고 그 차이를 찬양하며, 그것을 일반적인 명령 경제 안에서 관리한다. 그래서 제국의 세 가지 명령은 '포괄하라, 구별하라, 관리하라'이다.

제국적 주권은 하나의 중심적인 갈등을 둘러싸고 조직되는 것이 아니라 미시갈등들의 유연한 네트워크를 통해 조직되기에, 제국사회의 모순은 파악하기 어렵고 증식하며 국지화할 수 없다. 즉, 모순은 도처에 있고 권력의 장소도 도처에 있지만, 동시에 그것들은 어디에도 없는 것이다.

전 지구적 통제사회

제국적 주권은 초월성에 근거한 근대적인 주권과는 달리, 지배관계의 연계와 네트워크를 통해 내재성의 구도 위에서 작동한다. 시민사회라고 이해되는 것과 대부분 동일하거나 밀접하게 관련되어 있는 훈육사회를 구성하는 사회 제도들(학교, 가정, 병원, 공장은 어느 곳에서나 위기에 처해있다. 이러한 제도들의 벽들이 붕괴됨에 따라, 이전에는 제한된 공간에서 작동했던 주체화의 논리들이 이제 사회적인 장으로 퍼지고, 사회적인 장을 가로질러 일반화된다. 제도의 붕괴, 시민사회의 소멸, 훈육사회의 쇠퇴는 모두 근대사회공간의 홈패임을 매끄럽게 하며, 여기에서 통제사회[35]의 네트워크들이 생겨난다.

훈육의 내재적인 실행－주체들의 자기 훈육화, 주체성 안에서 훈육논리의 끊임없는 속삭임－은 통제사회에서 훨씬 더 일반적으로 확장된다. 그리고 통제사회에서 주체성의 내재적인 생산은 자신의 규범을 모든 사람에게 강요하려는 자본의 논리와 일치된다. 훈육사회에서 각 개인은 다수의 정체성을 가지고 있었지만, 어느 정도까지 서로 다른 정체성들이 생활의 서로 다른 장소와 시간에 의해 규정되었다. 이에 비해 통제사회에서 이렇게 적용가능한 개별장소들은 자신들의 규정과 경계설정을 상실하는 경향을 보인다. 통제사회에서 생산된 잡종적인 주체성은 제도 바깥에 있지만 제도들의 훈육논리에 훨씬 더 강하게 지배당한다.

시민사회의 소멸과 국가경계의 쇠퇴 속에서 사회적인 공간이 전반적으로 균등화되고 매끄러워지는 한편, 사회적인 불평등과 분할은 형태를 달리하면서 더욱 심화되며, 제국에서는 극도로 불평등한 주민들이 상당히 가까이서 살아간다. 이러한 상황은 영구적인 사회에 대한 위험요소들을 만들어내고, 분리를 유지하고 사회적인 공간을 관리하기 위해 통제사회의 강력한 장치들을 필요로 한다.

제국의 노동정치는 대체로 노동의 가격을 낮추고, 모든 사람에게 일하도록 강요하기 때문에, 전체적으로 보면 노동은 많아지고 임금이 적어진다. 새로운 생산성의 규범들은 노동자들을 분화시키고 분할하며, 화폐정책은 노동정책이 명령한 분할을 강화한다. 이것은 더 나아가 폭력, 빈곤 그리고 실업에 대한 공포 또한 이러한 새로운 분할을 만들어내고 유지하는 일차적이고 직접적인 힘이 된다.

이러한 상황에서 제국적 행정은 분산시키고 분화시키는 메커니즘으로 작용하고 자기조절을 통해, 그리고 제국의 내부 경찰력에 의해 갈등을 조절하고 폭력을 실행함으로써 지배한다. 근대적인 국민주권체제들에서는 행정이 갈등을 선형적으로 통합하는 방향으로, 갈등을 억압할 수 있는 일관된 장치를 향해 작용하는 방향으로 나아가는 것에 비해, 제국적인 틀에서는 행정이 프랙탈(fractal)하게 되고 차이들을 통제함으로써 갈등을 통합하려고 한다.

그래서 행정의 문제는 통일성의 문제가 아니라 도구적인 다기능성의 문제가 된다. 근본적인 것은 특별한 목적을 위한 행위들이 지닌 특이성과 적합성이다. 행정행위는 점점 더 자기중심적으로 되고, 따라서 자신이 해결할 수 있는 특정한 문제에만 기능을 하게 된다.

근대체제에서는 행정과 명령을 구별할 수 없을 만큼 행정과 명령이 일치되는 경향이 있었던 것에 비해, 제국적 명령(지배)은 행정에서 분리된다. 제국적인 명령은 훈육양태들을 통해서가 아니라, 오히려 생체정치[36]적인 통제의 양태들을 통해서 실행되기 때문이다.

제국적 통제는 세 가지의 전 지구적이고 절대적인 수단들, 즉 폭탄, 화폐 그리고 에테르를 통해서 이루어진다. 절대적인 폭력인 수소폭탄(핵)이 지닌 최고의 위협은 모든 전쟁을 제한된 갈등, 내전, 추한 전쟁 등으로 축소시켰고, 나아가 모든 전쟁을 행정력과 경찰력이 독점하는 영역으로 만들어버렸다. 화폐는 국내시장에서의 화폐파괴, 일국 또는 지역에서의 화폐조절체제의 해체, 그리고 국내시장의 금융권력의 욕구에의 종속을 통해 세계시장을 구축해내는 전 지구적이고 절대적인 통제수단이다. 에테르는 제국적인 통제의 최종적이자 근본적인 매개체이다. 소통의 관리, 교육체계의 구조화 그리고 문화의 조절은 최고의 대권으로 나타나지만 이 모든 것은 에테르 속에 용해된다.

요약하자면, 제국적인 권력의 효율성은 폭탄에 의한 파괴에, 화폐에 의한 판결에, 소통에 의한 공포에 기반을 두고 있다는 것이다. 이들 모두에서 메커니즘들의 통제력을 미국이 장악하고 있는 것처럼 보일지도 모른다. 하지만 아마도 무력의 독점과 화폐의 조절에서는 부분적인 영토를 한정시킬 수 있을지 모르나, 소통에서는 그럴 수 없다.

대중

제국에서 정치를 구성하는 사회적인 갈등들은 어떤 종류의 매개 없이도 직접적으로 서로 대결한다. 여기서 네그리는 모든 피착취자와 피지배자 사이의 어떠한 매개도 없이 제국에 직접적으로 대립하는 대중을 제시한다. 제국적인 지배에 대항하기 위해 네그리는 거대한 정부, 거대한 기업, 거대한 노동에 집착하는 것이 아니라, 생산적인 협동의 네트워크 속에서 대중의 자율적인 자치를 구성해나갈 것을 제안하는 것이다.

여기서 '대중(multitude)'은 무차별적인 무리로서 대중(mass)이 아니라 특이성을 보존하면서 소통을 통해 공통성을 만들어

가는 능동적인 주체를 말한다. 네그리는 전통적인 노동자계급이라는 개념에 대비하여 프롤레타리아트를 주변층이나 실업자, 여성, 학생 등을 포괄하는 개념으로 사용해왔다. 현대 자본주의에서는 그러한 노동자를 사회적인 노동자라고 특징지었고 그들의 노동을 비물질적인 노동이라고 성격지어 왔으며, 이러한 사회적인 노동자 개념을 좀더 확장하여 대중 개념을 강조하고 있다.[37]

네그리는 대중의 운동과 관련하여 구체적인 방안으로 몇 가지를 제안한다. 그중 우선 세계를 이동하는 자율적인 대중이 지닌 역능을 활성화하는 방안으로 '전 지구적인 시민권'을 주장한다. 이것은 대중이 자신의 체류권과 이동권을 가짐으로써 공간에 대한 통제권을 재전유하여 새로운 지도를 제작할 수 있는 권리이다. 이것은 또한 공간적으로 주변화되는 다양한 층들을 포괄할 수 있는 연대의 고리를 의미한다.

시간적으로는 생체정치적인 생산이란 상황에서 사회적인 임금과 모두에게 수입을 보증해주는 '사회적인 임금권'을 내세운다. 제국의 생체정치적인 맥락에서 프롤레타리아트는 항상, 하루 종일, 도처에서, 생산한다(생산의 일반성). 이러한 일반성에 근거한 사회적인 임금의 요구는 자본 생산에 필수적인 활동에 대한 보상을 요구하는 것이므로, 실제로 보장된 수입이라는 요구를 전 주민에게까지 확장시킬 수 있다.

이에 더 나아가 네그리는 생산수단을 비롯한 지식, 정보, 소통, 정서에 자유롭게 접근하고 통제할 수 있는 '재전유권'을 주장한다. 제국적인 생체권력이라는 영역에서는 생산과 삶이 일치하는 경향이 있기 때문에, 계급투쟁은 삶의 전 영역에서 폭발할 수 있는 잠재력을 지닌다. 이제 언어감각 및 소통감각, 기계 및 기계의 사용이라는 문제, 대중의 집합적인 경험과 실험, 생체정치, 대중의 구성권력 등과 관련한 관리의 문제가 대중의 권리 문제로 등장한다. 한마디로 재전유권은 자기통제 및 자율적인 자기생산을 위한 대중의 권리인 것이다.

물론 이를 위해서는 이러한 정치적인 강령적 요구를 담지한 대중의 힘, 즉 역능(posse)이 재전유와 자기조직화의 원동력이 되어야 할 것이다. 대중의 생산양식은 노동이라는 이름으로 착취에 대항하여, 협동이라는 이름으로 소유권에 대항하여, 자유라는 이름으로 부패에 대항하여 제기된다. 더 나아가 그것은 노동 속에서 신체를 자기가치증식하고, 협동을 통해 생산적인 지성을 재전유하며, 자유 속에서 실존을 변형시킨다.

오늘날의 생산 매트릭스에서 노동의 구성권력은 인간의 자기가치증식(세계 시장의 모든 부문에서 모두에게 균등한 시민권)으로, 협동(소통할 수 있고, 언어를 구축할 수 있고, 소통 네트워크를 통제할 수 있는 권리)으로, 그리고 정치권력 혹은 그 권력 기반이 모든 사람들의 욕구들을 표현하는 사회의 구성으로 표현될 수 있다. 이것은 사회적 노동자와 비물질적 노동의 조직화, 즉 대중이 관리하고, 대중이 조직하고, 대중이 지도하는 생체정치적인 통일체 – 작동중인 절대적인 민주주의 – 를 조직하는 것이다.

마르크스를 넘어선 마르크스

　네그리는 탈근대론의 문제제기를 적극적으로 수용하면서도, 이를 사회적인 관계와 적대의 문제설정 속에서 받아들이려고 한다. 물론 그렇다고 해서 모든 현상을 적대의 틀로 환원하려는 것은 아니다. 그의 논의가 노동과 자본의 힘 싸움이라는 인상을 주는데 이는 자본주의를, 더 나아가 현대사회를 너무 단순화시킨 것이 아니냐는 반박도 가능할 것이다. 그러나 노동과 자본의 대결이라는 존재론에서 시작하는 그의 논의를 상대화시키려 해서는 안 될 것이다. 역사 속에서 형성된 그러한 적대적인 현실을 달리 볼 수도 있다고 진술한다고 해서 현실을 바꿀 수는 없기 때문이다.

　현대세계의 권력분석인 제국론에서도 네그리의 관심은 궁

극적으로 대중에 있다. 그리고 제국을 구성해내는 것은 대중이다. 네그리는 제국에 대항하며 대항권력을 구성하는 대중에 대한 상을 추구한다. 문제는 마르크스를 넘어서는 것으로 끝나는 것이 아니라, 항상 현실을 구성해내야만 한다는 것이다. 그의 말대로 "모든 봉합선은 새로운 상처를 만든다." 그러나 새로운 상처가 또 다시 봉합선을 만들어 내는 것은 어떻게 막을 것인가? 네그리는 들뢰즈, 가타리 등과 함께 노마드적(유목민적)인 사고를 추구한다. 물론 상처를 일으키고 파괴하기 위해서만이 아니라 해방을 위한 새로운 구성을 향해서 말이다.

주

1) 이 잡지는 라니에로 판치에리(Raniero Panzieri)와 로마노 알콰티(Romano Alquati)의 지도 하에 토리노에서 출판되기 시작하여 밀라노, 로마, 파도바에도 편집진을 두었다. 여기에는 네그리를 비롯하여 세르조 볼로냐(Sergio Bologna), 마리오 트론티(Mario Tronti), 알베르토 아소르 로사(Alberto Asor Rosa) 등 많은 좌파 지식인들이 참여하였다.

2) 이탈리아 노동자주의의 지적인 기원을 부분적으로는 해외 — 프랑스와 미국 — 에서도 찾을 수 있다고 한다. 1950년대 프랑스에서 'Socialisme ou Barbarie' 그룹의 경험은 하나의 전환점이었고, 미국에서는 1940년대 트로츠키운동 내부에서 발생하여 1950년대에 분리된 'The Johnson-Forest Tendency'가 있었다(클리버, 『자본론의 정치적 해석』, 풀빛, pp.78-87 참조).

3) 1964년 1월~1967년 3월까지 발간되었다.

4) Lotta Continua, "Cultural Revolution", *Radical America*, 1971. Vol, 5, No. 5, pp.25-31.

5) Adriano Sorfi, "Organizing for Worker's Power", *Radical America*, Vol. 7, No. 2, 1973, pp.33-45. Sorfi는 기존의 레닌적인 당에 대해 '대중전위(mass vangard)'를 제시하고 외부적인 전위에 대해서는 '내부적인 대중전위'를 제시하기도 하였다.

6) 이는 공산당계열의 노조가 운동의 성과를 흡수해나가는 방식이기도 했다.

7) 이러한 집단에는 세르지오 볼로냐, Luciano Ferrai Bravo, Ferrucio Gambino, Guidio Bianchini, Sandro Serafini, Alisa del Re, MariaRosa Dalla Costa(여성해방론자로 가사노동의 생산적인 성격을 강조하여 국제적인 논객이 되었다) 등이 포함되어 있었다.

8) 공산당이 기민당과 함께 집권당을 구성하면서 노동자계급을 압박하는 다양한 정책을 전개해나가게 된 것을 말한다.

9) 이에 대해서는 Richard Drake, *The Revolutionary Mystique and Terrorism in contemporary Italy*, Indiana University Press, 1989와 Leonard Weinberg and William Lee Eubank, *The Rise and Fall of Italian Terrorism*, Westview Press, 1987 참조.

10) 윤수종, 「이탈리아의 아우토노미아 운동」, 『이론』, 14호, 1996년 봄.

11) 작업부서의 문과 출입구를 부수며 십장, 파업파괴자, 경호인들을 몰아내는 공장 내부의 전투적인 행진을 말한다.

12) Rivolta Femminile, Movimenntode Liberazione della Donna, Lotta Femminista 등.

13) Red Note, *Italy 1977~8: 'Living with an Earthquake'*, a Red Notes pamphlet, 1978, p.114.

14) 이탈리아의 아우토노미아 운동이 정점에 달했던 시기이다. 무장대의 활동이 강화되면서도 학생들을 축으로 국가에 대항하는 대중들의 투쟁이 고조되었던 운동이었다. 이 운동을 정점으로 그 이후 기존의 조직들이 해체되고 훨씬 더 분산적인 아우토노미아 운동이 전개된다.

15) Joanne Barkan, "The Genesis of Contemporary Italian Feminism", *Radical America*, 18, no.5, 1984.

16) Bifo, "Anatomy of Autonomy", *Autonomia: Post-Political Politics*, 1980, p. 156.

17) 펠릭스 가타리, 윤수종 옮김, 『분자혁명』, 푸른숲, 1998.

18) 이러한 입장에서 『자본』을 해석하려는 것으로는 해리 클리버, 『자본론의 정치적 해석』, 풀빛, 1986을 보라. 특히 이 책에 있는 클리버의 '서설'은 아우토노미아적인 입장에서 바라본 정치경제학의 흐름에 대해 잘 설명해주고 있다. 네그리와 동일한 문제설정 속에서 『자본론』의 일면성을 지적하고 임노동의 정치경제학을 제시함으로써 네그리의 '산노동'에 대한 강조와 맥을 같이하는 논의에 대해서는 Michael A. Lebowitz, *Beyond Capital*, Macmillan, 1992를 보라(홍기빈 옮김, 『자본을 넘어서』, 백의, 1999).

19) Antonio Negri, *The Savage Anomaly: The Power of Spinoza's Methaphisics and Politics*, Univ. of Minnesota Press, 1991(윤수종 옮김, 『야만적 별종』, 푸른숲, 1997).

20) 역능(powers/puissance). 네그리, 가타리 등이 사용하는 개념으로 권력과 대비된다. 가타리가 사용하는 역능 개념은 영국을 제외한 유럽 언어에서는 권력(불어로는 pouvoir) 개념과 대비되어 쓰이는 개념이다. 니체가 권력의지라고 했을 때의 권력

의 의미도 바로 역능(力能) 개념이다. 역능 개념은 대표제 모
델에서 생각하던 권력 개념과는 달리 모든 개별자(singularity,
특이성)가 지닌 잠재력을 말하며, 데카르트적인 이성에 근거
한다기보다는 스피노자적인 욕망에 기초한 개념이다. 역능
을 지닌 개별자들이 차이를 확인하면서 서로 새로운 것을 구
성해나가는 방식을 통해 권력 대표가 아닌 새로운 사회(공동
체)를 만들어 가자는 문제의식에서 사용하는 개념으로, 권력
자의 지배 개념에서 벗어나 특이한 개별자가 지닌 새로운 것
을 구성해내는 능력을 말한다. 네그리는 'potere'와 'potenza'
개념을 구분하여 사용하는데, 이 개념들은 스피노자에게서
유래하는 것으로 스피노자가 사용한 'potestas'와 'potentia'라
는 라틴어 용어는 대부분의 유럽 언어들(이탈리어로 potere와
potenza, 프랑스어로 pouvoir와 puissance, 독일어로 Gewalt와
Vermögen)에서는 구분되는 용어를 갖는다. 영어로는 그러한
구분이 없어 번역자들은 '대문자 Power'와 '소문자 power' 혹
은 '단수 power'와 '복수 powers'로 구분하기도 한다.

21) 네그리가 스피노자 독해에서 도출해낸 개념이다. 개별자들이
특이성을 지닌 채 상호작용 속에서 자신들을 드러내는 집단적
인 형상을 말한다. 특정한 지배장치에 의해 구조화되기보다는
자신들이 가진 개별적인 고유성을 소통하면서 공통성을 키워
나가는 주체적인 사람들로서, 자본주의 사회에서 획일화되고
매체에 의해 주조되며 수동적인 '대중(mass)'과는 달리, 자신들
의 주체적인 욕망과 주장들을 결집해나가는 무리들을 일컫는
말이다.

22) 구성권력(constituent power). 일련의 사법·정치적인 틀들을 끊
임없이 창조하고 활성화하는 권력형태를 말한다. 구성권력의
영구한 개방성은 구성된 권력(constituted power)의 정태적이고
폐쇄적인 성격과 대비된다. 구성권력의 혁명적인 역동성은 그
자체가 공화국의 구성이다. 혁명세력들이 사그라지거나 구성
된 틀에 갇히게 되면 구성적인 계기 또한 사라진다. 군주제보
다는 귀족제가, 귀족제보다는 민주주의가 구성 권력의 성격을
좀더 띠고 있다고 할 수 있다.

23) *Les Nouvaux Espaces de Liberté*, Editions Dominique, 1985(*Communists
Like Us*, Semiotext(e) :New York. [with Felix Guattari], 1990로

영역, 이원영 옮김, 『자유의 새로운 공간』, 갈무리, 1995).

24) Antonio Negri, *The Politics of Subversion*, Polity Press, Cambridge UK, 1989(장현준 옮김, 『전복의 정치학』, 세계일보, 1991).

25) Antonio Negri, "Interpretation of the Class Situation Today: Methodological Aspects," Werner Bonefeld et al., eds., *Open Marxism* 2, Pluto, 1992.(『지배와 사보타지』에 번역 수록됨).

26) Negri·Hardt, *Multitude: war and democracy in the age of empire*, The Penguin Press, New York, 2004.

27) 짜골로프 외, 『정치경제학교과서 1-3』, 새길, 1990.

28) 기존의 정치경제학에서는 당위적인 '보편계급론'으로 전개된다.

29) 자본이 이윤의 관점에서 (노동생산성에 따라) 평가한 임금이 아니라, 노동자가 자신의 고유한 욕망에 기초하여 필요로 하는 임금.

30) 네그리의 정치경제학비판에 기초하여 『자본론』의 일면성을 부각시키면서 M. Lebowitz(*Beyond Capital*, Macmillan, 1992; 『자본론을 넘어서』, 백의, 1999)는 자본의 정치경제학, 임금노동의 정치경제학이란 용어를 사용한다.

31) 노동거부와 자기가치증식의 관계에 대해서는 「자본주의적 지배와 사보타지」,(『지배와 사보타지』 수록), 8장 「노동거부」를 참고.

32) 『맑스를 넘어선 맑스』, pp.277-303.

33) 네그리·가타리, 『자유의 새로운 공간』, 갈무리, 1995, p.28.

34) 아우토노미아조직론의 문제는 네그리의 작업 가운데 또 다른 핵심을 이룬다. 이와 관련하여 네그리는 구성의 방법을 더욱 확장하여 생성 개념에 의거하면서 특이한 주체들이 구성권력을 만들어 나가는 과정에 대한 탐색으로 나아간다. Antonio Negri, *The Savage Anomaly*, Univ. of Minnesota, Minneapolis, 1991을 참조.

35) 들뢰즈가 사용한 개념으로 좀더 직접적인 지배방식인 훈육에 대비하여, 네그리는 좀더 유연하고 매끄러운 지배방식을 나타내기 위해 통제라는 개념을 사용한다.

36) biopolitics. 푸코가 사용한 개념을 네그리가 차용하여 쓰고 있다. 대중의 일상적인 삶 자체에 접촉하여 그 작동방식을 옴

직여 나가는 것을 일컫는 말이다.

37) 네그리는 대중의 개념을 다음의 세 가지 의미로 이해할 수 있다고 말한다. 첫 번째로는 일자(一者)로 환원될 수 없는 주체의 다양성, 절대적으로 차이화된 집합체, 특이성의 집합체의 의미, 둘째는 생산적인 특이성이 집합된 계급, 비물질적인 노동의 작업자라는 계급의 의미, 셋째로는 욕망을 표현하고 세계를 변화시키려는 장치를 체현하는, 즉 자유롭게 자기 표현을 하고 자유로운 인간 공동체를 만들어 가는 주체성의 의미가 그것이다(Antonio Negri, *De retour-Abécédaire biopolitique*, Calmann-Lévy, 2000 참조).

참고문헌

가타리, 윤수종 옮김, 『분자혁명』, 푸른숲, 1998.

_____, 윤수종 엮음, 『욕망과 혁명』, 문화과학사, 2004.

네그리, 윤수종 옮김, 『맑스를 넘어선 맑스』, 새길, 1994.

_____, 윤수종 엮음, 『지배와 사보타지』, 새길, 1996.

_____, 윤수종 옮김, 『야만적 별종』, 푸른숲, 1997.

_____, 윤수종 옮김, 『제국』, 이학사, 2001.

_____, 윤수종 옮김, 「대항권력의 생리학: 사회주의는 불가능하고 공산주의가 가까이 있을 때」, 『비판』 제2호, 1997.

_____, 장현준 옮김, 『전복의 정치학』, 세계일보사, 1991.

_____, 정남영 옮김, 『혁명의 시간』, 갈무리, 2004.

_____, 홍경기 옮김, 「제헌적 권력-대중의 지성으로 소비에트를!」, 『성균비평』, 창간호, 1993.

네그리·가타리, 이원영 옮김, 『자유의 새로운 공간』, 갈무리, 1995.

네그리·하트, 이원영 옮김, 『디오니소스 노동』, 1-2, 갈무리, 1996, 1997.

볼로냐 외, 이원영 편역, 『이딸리아 자율주의 정치철학』, 갈무리, 1997.

윤수종, 『자유의 공간을 찾아서』, 문화과학사, 2002.

조정환, 『아우또노미아』, 갈무리, 2003.

카치아피카스, 윤수종 옮김, 『정치의 전복』, 이후, 2000.

클리버, 한응혁 옮김, 『자본론의 정치적 해석』, 풀빛, 1986.

포르투나티, 윤수종 옮김, 『재생산의 비밀』, 박종철출판사, 1997.

Negri, *Negri on Negri*, Routledge, London, 2004.

_____, *Du Retour*, Calmann-Levy, Paris, 2002.

_____, *Revolution Retrieved*, Red Notes, London, 1988.

_____, *Time for Revolution*, Continuum, London, 2003.

Negri·Hardt, *Multitude: war and democracy in the age of empire*, The Penguin Press, New York, 2004.

Red Note, *Italy 1977-8: 'Living with an Earthqake'*, a Red Notes pamphlet, 1978.

Red Notes and CSE Bookes, *Working Class Autonomy and the Crisis*, London, 1979.

Richard Drake, *The Revolutionary Mystique and Terrorism in contemporary Italy*, Indiana University Press, 1989.

Robert Lumley, *States of Emergency*, Verso, 1990.

Sylvere Lotringer/Christian Marazzi ed., *Autonomia: Post-Political Politics*, Semiotext(e), New York, 1980.

안토니오 네그리 마르크스를 넘어선 마르크스주의자

초판발행 2005년 5월 10일 | 2쇄발행 2008년 11월 20일
지은이 윤수종
펴낸이 심만수 | 펴낸곳 (주)살림출판사
출판등록 1989년 11월 1일 제9-210호

주소 413-756 경기도 파주시 교하읍 문발리 파주출판도시 522-2
전화번호 영업·(031)955-1350　기획편집·(031)955-1357
팩스 (031)955-1355
이메일 book@sallimbooks.com
홈페이지 http://www.sallimbooks.com

ISBN 89-522-0374-7 04080
　　　　89-522-0096-9 04080 (세트)

값 3,300원